Martin Löschau

Leistungen zur Rehabilitation

Studientext Nr. 12

1. Auflage 1993 (Redaktionsschluß: 1. 1. 1993)

Herausgeber: Verband Deutscher Rentenversicherungsträger (VDR)

Ursprünglich erschienen bei Betriebswirtschaftlicher Verlag Dr . Th. Gabler GmbH, Wiesbaden 1993.

Lektorat: Bettina Dietrich
Fachgutachter: Günter Tiedt
Satz: SATZPUNKT Ursula Ewert, Braunschweig

ISBN 978-3-409-00962-1 ISBN 978-3-663-13205-9 (eBook)
DOI 10.1007/978-3-663-13205-9

Inhaltsverzeichnis

Verzeichnis der Abkürzungen

Abs.	Absatz
AFG	Arbeitsförderungsgesetz
AHB	Anschlußheilbehandlung
AnV	Angestelltenversicherung
ArV	Arbeiterrentenversicherung
BAR	Bundesarbeitsgemeinschaft für Rehabilitation
BfA	Bundesversicherungsanstalt für Angestellte
BGB	Bürgerliches Gesetzbuch
BL	berufsfördernde Leistungen
BSeuchG	Bundes-Seuchengesetz
BSHG	Bundessozialhilfegesetz
Buchst.	Buchstabe
BVA	Bundesversicherungsamt
BVG	Bundesversorgungsgesetz
bzw.	beziehungsweise
Ca	Karzinom (Krebsgeschwulst)
DDR	Deutsche Demokratische Republik
ff.	fortfolgende
GAL	Gesetz über eine Altershilfe für Landwirte
HHG	Häftlingshilfegesetz
HStruktG	Haushaltsstrukturgesetz
Kfz	Kraftfahrzeug
KfzHV	Kraftfahrzeughilfe-Verordnung
KM	Kalendermonat
KnRV	Knappschaftliche Rentenversicherung
LSD	Lysergsäurediäthylamid (Halluzinogen)
LVA	Landesversicherungsanstalt
ML	Medizinische Leistungen
Nr.	Nummer
OEG	Gesetz über die Entschädigung für Opfer von Gewalttaten
Reha	Rehabilitation
RehaAnglG	Rehabilitations-Angleichungsgesetz
RÜG	Renten-Überleitungsgesetz
RV	Rentenversicherung
RVO	Reichsversicherungsordnung
SchwbG	Schwerbehindertengesetz
SGB	Sozialgesetzbuch
SGG	Sozialgerichtsgesetz
SVG	Soldatenversorgungsgesetz
VDR	Verband Deutscher Rentenversicherungsträger
vgl.	vergleiche
ZDG	Zivildienstgesetz

1. Zweck der Rehabilitationsleistungen

Lernziele:

Sie können das gegliederte System der Rehabilitation in der Bundesrepublik Deutschland beschreiben und den Zweck der Leistungen zur Rehabilitation erläutern.

1.1 Rehabilitationssystem in der Bundesrepublik Deutschland

Eingliederung

Die Bundesrepublik Deutschland besitzt ein hochentwickeltes Rehabilitationssystem, mit dem Behinderte und Personen, denen Behinderung droht, möglichst dauerhaft in das Berufsleben und die Gesellschaft eingegliedert werden sollen. Bisher gibt es weder einen zentralen Rehabilitationsträger noch ein eigenständiges, gemeinsames Rehabilitationsrecht für alle Sozialleistungsbereiche. Lediglich das Rehabilitations-Angleichungsgesetz (RehaAnglG) schreibt seit 1974 für die von diesem Gesetz erfaßten Träger gemeinsame Grundsätze vor und hat damit in bestimmten Bereichen zu einer Angleichung des Rechts geführt.

Gegliedertes System

Die Rehabilitation wird dezentral von den einzelnen Sozialleistungsträgern (zum Beispiel Rentenversicherungsträger, Berufsgenossenschaften, Arbeitsämter) entsprechend ihren vom Gesetzgeber festgelegten Aufgaben und Zuständigkeiten durchgeführt. Aufgrund dieser Aufgabenverteilung besteht in der Bundesrepublik Deutschland ein gegliedertes System der Rehabilitation.

1.1.1 Dezentralisierung durch historische Entwicklung

Historie

Bereits seit Einführung der deutschen Rentenversicherung vor über einhundert Jahren durch das Gesetz über Invaliditäts- und Alterssicherung von 1889 gehört es zu den Aufgaben der Rentenversicherungsträger, bei gesundheitlichen Beeinträchtigungen durch Leistungen zur Rehabilitation (damals „Heilverfahren") eine Rente wegen verminderter Erwerbsfähigkeit nach Möglichkeit abzuwenden. Diese Aufgabe wurde 1911 in die Reichsversicherungsordnung (RVO) übernommen, die bis 1991 Rechtsgrundlage für die Durchführung der Rehabilitation in der Arbeiterrentenversicherung gewesen ist. Von den Anfängen der Rentenversicherung bis heute haben die Selbstverwaltungsorgane der Rentenversicherungsträger die Rehabilitation innerhalb des gesetzlich vorgegebenen Rahmens eigenständig und zielgerichtet der aktuellen Situation und den jeweiligen Bedürfnissen ihrer Versicherten angepaßt und weiterentwickelt.

Selbstverwaltung

Dezentralisierung

Parallel zur Rentenversicherung wurde der Rehabilitationsgedanke frühzeitig auch in anderen Bereichen der sozialen Sicherung in die Praxis umgesetzt. Das gilt besonders für die Unfallversicherung, Kriegsopferversorgung und Krankenversicherung. Nach Einführung der Arbeitslosenversicherung (1927) wurde in diesem Bereich die Berufsförderung als Rehabilitationsaufgabe durchgeführt. Altershilfe für Landwirte und Sozialhilfeträger kamen als weitere Sozialleistungsbereiche zur Rehabilitation hinzu.

Ausland

Bereits während des zweiten Weltkrieges wurde die Bedeutung des deutschen Rehabilitationssystems über die Landesgrenzen hinaus auch im Ausland anerkannt. Dort – besonders in Großbritannien und Amerika – faßte man die bisherigen „Gesundheitsmaßnahmen" unter dem Begriff „Rehabilitation" zusammen. In der Bundesrepublik Deutschland übernahm der Gesetzgeber diesen inzwischen internationalen Begriff erstmals offiziell im Jahre 1961 (in § 22 Abs. 2 des damaligen Schwerbeschädigtengesetzes).

Einheitliches Recht

Um trotz der historisch gewachsenen Dezentralisierung und Spezialisierung der Rehabilitationsträger ein gleichartiges Leistungsspektrum zu gewährleisten, sind gemeinsame gesetzliche Grundsätze für die Leistungserbringung und die Notwendigkeit der Zusammenarbeit geschaffen worden (seit 1974 durch das RehaAnglG). Voraussichtlich wird noch vor dem Jahr 2000 eine Zusammenfassung verschiedener Rehabilitationsvorschriften als „Gesetz zur Eingliederung Behinderter" in das neunte Buch des Sozialgesetzbuches (SGB IX) erfolgen. Die Schaffung eines zentralen Rehabilitationsträgers ist damit nicht verbunden.

1.1.2 Vorteile und Nachteile des dezentralisierten Systems

Den erheblichen Vorteilen des gegliederten Rehabilitationssystems, bei dem die Durchführung der Leistungen auf verschiedene Träger verteilt ist, stehen nur vergleichsweise geringe Nachteile gegenüber.

Vorteile

Wesentliche Vorteile der dezentralisierten, also gegliederten, Zuständigkeit sind:

- Einhaltung des organisatorischen Prinzips der einheitlichen Risikozuordnung: Wer als Träger vorrangig für bestimmte „Schadensfälle" zuständig ist (zum Beispiel Rentenversicherungsträger für Erwerbsunfähigkeitsrenten), soll auch die Möglichkeit haben, durch Rehabilitationsleistungen zur Schadensverhinderung oder Schadensminderung beizutragen;
- ausgewogene Arbeitsteilung zwischen mehreren Rehabilitationsträgern;
- Vermeidung einer einzigen Mammutbehörde;
- besonders wirkungsvolle Ergebnisse der Rehabilitation infolge der Spezialisierung der einzelnen Träger auf die in ihrem Bereich auftretenden Probleme;
- Kostenverteilung auf mehrere Sozialleistungsbereiche;
- schnelle und zielgerichtete Anpassung und Weiterentwicklung der Rehabilitation an die jeweiligen Bedürfnisse der Betroffenen durch die Selbstverwaltungsorgane.

Nachteile

Beim dezentralisierten Rehabilitationssystem werden mitunter folgende Nachteile genannt:

- Durchführung der Rehabilitation nicht in einer Hand,
- fehlende Nahtlosigkeit oder Koordination bei verschiedenen Leistungen durch unterschiedliche Rehabilitationsträger,
- mitunter keine optimale Ausnutzung der Rehabilitationseinrichtungen (Sanatorien, Rehabilitations-Kliniken) durch die verschiedenen Träger.

Die aufgezählten Nachteile werden durch die Vorteile weitgehend aufgehoben:

a) Gegen einen einzigen Träger der Rehabilitation (Rehabilitation in einer Hand) spricht, daß aufgrund der dann fehlenden Spezialisierung die Ergebnisse der Rehabilitation nicht mehr so wirkungsvoll sind. Auch würde der Vorteil der einheitlichen Risikozuordnung verlorengehen. Denn bisher führt derjenige Träger die Rehabilitation durch, der auch das finanzielle Risiko ihres Scheiterns trägt (Prinzip der einheitlichen Risikozuordnung).

Prinzip der einheitlichen Risikozuordnung

b) Die Befürchtung, daß Nahtlosigkeit bzw. Zügigkeit und Koordination bei verschiedenen Leistungen unterschiedlicher Träger nicht gewährleistet sind, ist unbegründet. Die Rehabilitationsträger sind gesetzlich zu enger Zusammenarbeit verpflichtet, damit eine rasche und dauerhafte Eingliederung Behinderter erreicht wird (§ 86 SGB X, § 5 Abs. 1 RehaAnglG). Sie stehen dementsprechend in ständigem Kontakt miteinander und haben bereits eine große Zahl von Absprachen getroffen, um eine koordinierte Rehabilitation sicherzustellen.

Zusammenarbeit

c) Der gelegentlich auftretende Nachteil einer ungenügenden Auslastung der Rehabilitationseinrichtungen soll im gegliederten System künftig ausgeräumt werden, indem die verschiedenen Träger ihre Einrichtung den anderen zur Verfügung stellen (Prinzip der „Strukturverantwortung").

Prinzip der Strukturverantwortung

1.1.3 Rehabilitationsträger

Die Leistungsträger, die die Rehabilitation in der Bundesrepublik Deutschland nach einheitlichen Verfahrensgrundsätzen und mit angeglichenen Leistungen durchführen, sind in § 2 RehaAnglG festgelegt.

Körperschaften

Danach gehören zu den Rehabilitationsträgern diejenigen Körperschaften, Anstalten und Behörden der in § 2 Abs. 1 RehaAnglG genannten Sozialleistungsbereiche, die gesetzlich – im Rahmen des ihnen zugebilligten Ermessens – Rehabilitationsleistungen erbringen. Es gibt folgende Leistungsträger der Sozialleistungszweige:

- Rentenversicherung (ArV, AnV, KnRV),
- Krankenversicherung,
- Unfallversicherung,
- Arbeitslosenversicherung/Arbeitsförderung,
- Altershilfe für Landwirte und
- Kriegsopferversorgung/soziale Entschädigungsbereiche.

Sozialhilfe

Die Sozialhilfe ist, wie schon in § 2 Abs. 3 RehaAnglG zu erkennen ist, nicht mit einbezogen worden, weil ihr Leistungsumfang nicht dem der anderen Sozialleistungsbereiche angeglichen ist. Eine Angleichung des Leistungsprinzips der Sozialhilfe ist bislang aus Kostengründen unterblieben. Außerdem würde dies eine völlige Umgestaltung der Leistungsgrundsätze des Sozialhilferechts – zum Beispiel beim Bedürftigkeitsprinzip – bedeuten (so auch der Bericht der Bundesregierung an die gesetzgebenden Körperschaften, veröffentlicht in: Bundesrats-Drucksache 83/76 vom 27. 1. 1976).

Obwohl die Sozialhilfe kein Sozialleistungsbereich im Sinne des RehaAnglG ist, haben die Sozialhilfeträger nach §§ 28, 29 SGB I in Verbindung mit dem Bundessozialhilfegesetz (BSHG) auch Leistungen zur Rehabilitation zur Verfügung zu stellen. Für die Sozialhilfeleistungen – hierzu gehören zum Beispiel Eingliederungshilfe für Behinderte und vorbeugende Gesundheitshilfe – gelten die Grundsätze der Nachrangigkeit und der Bedürftigkeit.

Entsprechend den in § 2 RehaAnglG genannten Sozialleistungsbereichen und unter Einbeziehung der Sozialhilfe gibt es in der Bundesrepublik Deutschland die nachfolgend dargestellten Rehabilitationsträger (vgl. dazu Abbildung 1).

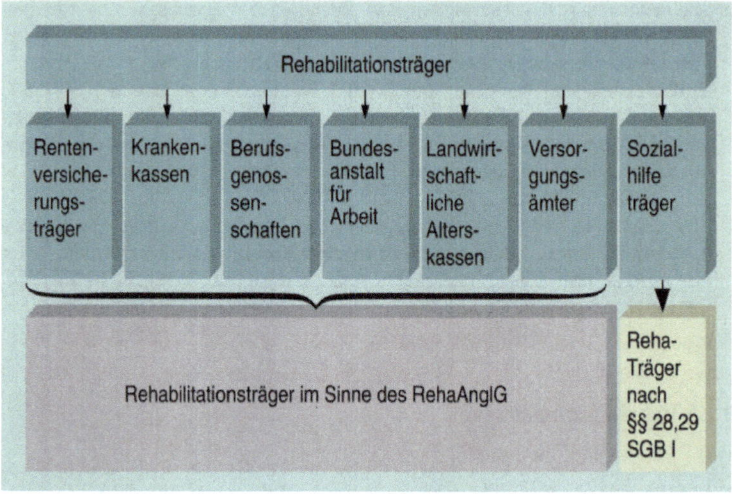

Abbildung 1: Rehabilitationsträger in der Bundesrepublik Deutschland

Bei den einzelnen Rehabilitationsträgern muß folgende Unterteilung beachtet werden:

Renten-versicherung

Zu den Trägern der gesetzlichen Rentenversicherung gehören gemäß § 23 SGB I:

- Landesversicherungsanstalten,
- Bundesversicherungsanstalt für Angestellte,
- Bundesknappschaft,
- Bundesbahn-Versicherungsanstalt (Sonderanstalt) und
- Seekasse (Sonderanstalt).

Kranken-versicherung

Zu den Trägern der gesetzlichen Krankenversicherung gehören gemäß § 21 SGB I:

- Ortskrankenkassen,
- Betriebskrankenkassen,
- Innungskrankenkassen,
- Landwirtschaftliche Krankenkassen,
- See-Krankenkasse,
- Bundesknappschaft sowie
- Ersatzkassen.

Private Krankenversicherungsunternehmen gehören nicht zu den Rehabilitationsträgern im vorstehenden Sinne.

Zu den Trägern der gesetzlichen Unfallversicherung gehören gemäß § 22 SGB I im wesentlichen:

Unfallversicherung

- gewerbliche Berufsgenossenschaften,
- landwirtschaftliche Berufsgenossenschaften,
- See-Berufsgenossenschaft,
- Eigenunfallversicherungsträger, insbesondere von Bund, Bundesanstalt für Arbeit, Ländern, Gemeinden und Gemeindeverbänden.

Zu den Trägern der Kriegsopferversorgung und sonstigen sozialen Entschädigung gehören gemäß § 24 SGB I:

Kriegsopferversorgung

- Versorgungsämter,
- Landesversorgungsämter,
- orthopädische Versorgungsstellen,
- Kreise und kreisfreie Städte und
- Hauptfürsorgestellen.

1.1.4 Verbände der Rehabilitationsträger

Zur Abwicklung trägerübergreifender Aufgaben, zum Beispiel der Zusammenarbeit, Abstimmungen, Vereinbarungen oder einheitlicher Rechtsanwendung, sind die Rehabilitationsträger in Verbänden zusammengeschlossen, die auf Bundesebene, aber zum Teil auch auf Landesebene, arbeiten. Die wichtigsten Verbände sind:

Spitzenverbände

- die Spitzenverbände der Krankenkassen,
- die Spitzenverbände der Unfallversicherungsträger sowie
- der Verband Deutscher Rentenversicherungsträger (VDR).

Diese Spitzenverbände sind wiederum mit anderen Organisationsbereichen in der Bundesarbeitsgemeinschaft für Rehabilitation (BAR) zusammengeschlossen (vgl. auch Abschnitt 1.1.2).

1.2 Sinn und Zweck der Rehabilitationsleistungen

Soziales Recht

Das Recht auf Rehabilitation gehört zum festen Bestandteil der sozialen Sicherung in der Bundesrepublik Deutschland. Wegen ihrer besonderen Bedeutung ist die Rehabilitation - ohne daß der Begriff selbst konkret genannt wird - als soziales Recht im allgemeinen Teil des SGB festgelegt und näher beschrieben (§§ 2 bis 10 SGB I). Soziale Rechte dienen der Erfüllung der Aufgaben des Sozialgesetzbuchs, also der Gewährleistung von Sozialleistungen zur Verwirklichung sozialer Gerechtigkeit und sozialer Sicherheit. In diesem Sinne haben Versicherte der Sozialversicherung ein Recht auf die notwendigen Leistungen zum Schutz, zur Besserung und Wiederherstellung der Gesundheit und Leistungsfähigkeit.

Anspruch

Aus dem sozialen Recht auf Rehabilitation können Ansprüche aber nur dann hergeleitet werden, wenn die Voraussetzungen und Leistungen in den besonderen Rechtsvorschriften der jeweiligen Träger näher bestimmt sind (§ 9 Abs. 1 RehaAnglG). So ergeben sich in der Rentenversicherung Anspruch und Umfang der Rehabilitationsleistungen im wesentlichen aus den §§ 9 bis 32 und § 116 SGB VI.

Rehabilitationszweck

Im RehaAnglG sind Aufgaben und Zielsetzung der Rehabilitation – und damit Sinn und Zweck der hierfür vorgesehenen Leistungen – genauer beschrieben (§§ 1, 10, 11 RehaAnglG). Danach läßt sich die Rehabilitation folgendermaßen definieren:

Definition Rehabilitation

> Rehabilitation sind alle Leistungen, insbesondere zur Erhaltung, Besserung oder Wiederherstellung der Leistungsfähigkeit , die darauf gerichtet sind, körperlich, geistig oder seelisch behinderten Menschen zu helfen, ihre Fähigkeiten und Kräfte zu entfalten, um einen angemessenen Platz in Beruf und Gesellschaft zu finden.

Ziel der Rehabilitation

Das eigentliche Ziel der Rehabilitation ist demnach, Behinderte und Personen, denen Behinderung droht, möglichst auf Dauer in das Erwerbsleben (Berufsleben) und die Gesellschaft einzugliedern (siehe auch Abbildung 2).

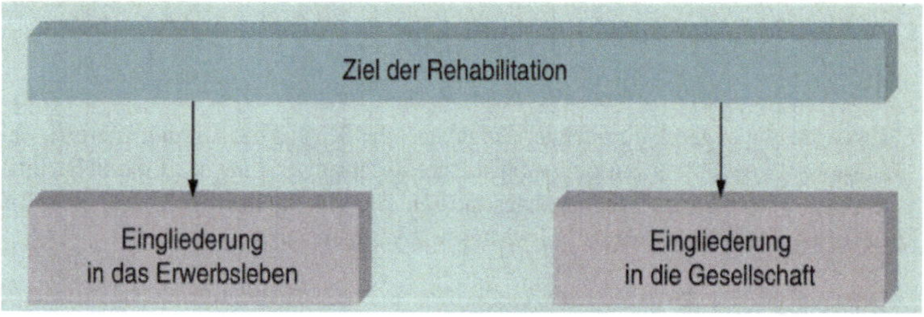

Abbildung 2: Allgemeine Zielsetzung der Rehabilitation

Eingliederung

Mit der (Wieder-)Eingliederung des Behinderten in das Erwerbsleben ist grundsätzlich auch eine weitergehende Eingliederung in die Gesellschaft mit eingeschlossen. Denn die Berufsausübung ist ein wesentlicher Bestandteil des gesellschaftlichen Lebens. Außerdem hat die Eingliederung in die Arbeitswelt regelmäßig die Integration in andere soziale Bereiche der Gesellschaft zur Folge. Da mit der beruflichen Eingliederung in der Regel eine gesellschaftliche Eingliederung verbunden ist, sind in den meisten Sozialleistungsbereichen, zum Beispiel Rentenversicherung, Leistungen zur Rehabilitation allein zum Zwecke der gesellschaftlichen Eingliederung nicht vorgesehen. Eine Ausnahme bildet hierbei die Sozialhilfe. Im Rahmen der Eingliederungshilfe sind dort für Behinderte auch Leistungen vorgesehen, die die Teilnahme am Leben in der Gemeinschaft ermöglichen oder erleichtern sollen, ohne daß damit eine Eingliederung ins Erwerbsleben verbunden ist (§ 9 SGB I, § 39 Abs. 3 BSHG).

Rehabilitationsziel innerhalb der Rentenversicherung

Die Aufgabe (Zweck, Ziel) der Rehabilitation innerhalb der Rentenversicherung entspricht weitgehend dem für alle Bereiche geltenden Rehabilitationsziel. Bei der Frage der Erhaltung, Besserung oder Wiederherstellung wird aber nicht allgemein auf die Oberbegriffe „Gesundheit" oder „Leistungsfähigkeit", sondern auf den speziell rentenrechtlichen Begriff der Erwerbsfähigkeit abgestellt (§§ 9, 10 SGB VI). Die Erwerbsfähigkeit ist auch das Kriterium, nach dem sich die Renten wegen Berufs- oder Erwerbsunfähigkeit bestimmen (vgl. auch Abschnitt 8.1.1).

Aus dem Eingliederungsziel der Rehabilitation leitet sich die Rangfolge zwischen Rehabilitation und Rentenleistung ab. Es gilt der Grundsatz „Rehabilitation vor Rente" (vgl. Abschnitt 9.1).

1.2.1 Präventionsgedanke

Vorbeugung

Rehabilitation im weiteren Sinne bedeutet heute nicht nur die Wiederherstellung der Leistungsfähigkeit, und damit die Wiedereingliederung, sondern auch die Vorbeugung (Prävention) bei drohender Minderung der Leistungs- bzw. Erwerbsfähigkeit. Daß auch vorbeugende, also präventive Leistungen mit zur Rehabilitation (Oberbegriff) gerechnet werden, wird durch § 1 Abs. 2 RehaAnglG bestätigt. Danach sind Personen, denen Behinderung lediglich droht, den bereits Behinderten bei der Gesetzesanwendung gleichgestellt. Die Einbeziehung von Leistungen zur Erhaltung der bisherigen Leistungsfähigkeit – also vorbeugende Leistungen – in das Rehabilitationsrecht ergibt sich außerdem unter anderem aus den §§ 4, 10, 23, 29 SGB I.

Definition Prävention

Prävention bedeutet Abwendung einer voraussichtlich später eintretenden Leistungsminderung durch vorbeugende Leistungen.

Effektivität

Die Prävention hat für den einzelnen den Vorteil, gesund und leistungsfähig zu bleiben. Außerdem liegt ihr der Gedanke zugrunde, daß es nutzbringender und kostengünstiger ist, die vorhandene Leistungsfähigkeit zu erhalten und nicht mit der Heilbehandlung solange zu warten, bis der Schadensfall (Verlust der Leistungsfähigkeit, Beginn der Behinderung) eingetreten ist.

Präventionsauftrag

Der Präventionsgedanke ist in allen Sozialleistungsbereichen enthalten, zu deren Aufgaben die Rehabilitation gehört, zum Beispiel Vorsorgekuren in der Krankenversicherung und Kriegsopferversorgung. Innerhalb der Rentenversicherung bildete die Prävention bis 1981 einen wesentlichen Schwerpunkt der Rehabilitationsleistungen, wurde in den folgenden zehn Jahren dann aber aus zum Teil ungerechtfertigten Sparüberlegungen vom Gesetzgeber, durch das Zweite Haushaltsstrukturgesetz (HStruktG) stark eingeschränkt. Erst mit dem Rentenreformgesetz 1992 wurde durch den § 31 Abs. 1 Satz 1 Nr. 2 SGB VI (sonstige Leistungen) wieder ein spezifischer Leistungstatbestand im Präventionsbereich eingeführt.

Innerhalb der Rentenversicherung ist der **Präventionsauftrag** seit dem 1. 1. 1992 in den §§ 9, 10 und 31 SGB VI enthalten:

Aufgaben

a) Zu den Aufgaben der Rehabilitation in der Rentenversicherung gehört es auch, vorbeugend den Auswirkungen einer Krankheit oder Behinderung auf die Erwerbsfähigkeit entgegenzuwirken und dadurch ihre Beeinträchtigung oder das Ausscheiden des Versicherten aus dem Erwerbsleben zu verhindern (§ 9 Abs. 1 SGB VI). Der Inhalt dieser „Einführungsvorschrift" wird vor allem in § 10 SGB VI präzisiert.

Persönliche Voraussetzungen

b) Die persönlichen, im wesentlichen medizinischen, Voraussetzungen für die Inanspruchnahme von Leistungen zur Rehabilitation sind auch dann erfüllt, wenn bei erheblicher Gefährdung der Erwerbsfähigkeit ihre Minderung (zum Beispiel Berufs- oder Erwerbsunfähigkeit) voraussichtlich abgewendet werden kann (§ 10 Nr. 2 Buchstabe a SGB VI). In diesen Fällen sind Rehabilitationsleistungen zur Erhaltung der bisherigen Erwerbsfähigkeit – und damit präventiv – möglich.

Sonstige Leistungen

c) Bei den sonstigen Leistungen zur Rehabilitation, die über den Rahmen der medizinischen und berufsfördernden Leistungen hinausgehen, ist das Präventionsprinzip besonders ausgeprägt. Die Bewilligung stationärer medizinischer Leistungen (Heilbehandlung) ist zur Sicherung der Erwerbsfähigkeit für die Versicherten zulässig, die eine besonders gesundheitsgefährdende, ihre Erwerbsfähigkeit ungünstig beeinflussende Beschäftigung ausüben (§ 31 Abs. 1 Nr. 2 SGB VI). Mit dieser Umschreibung gestattet der Gesetzgeber den Rentenversicherungsträgern, präventive Leistungen zur Erhaltung der bedrohten Erwerbsfähigkeit zur Verfügung zu stellen.

1.2.2 Rehabilitationsgedanke

Wiederherstellung

Der Rehabilitation im ursprünglichen Sinn liegt der Gedanke zugrunde, daß nach bereits eingetretener Gesundheitseinbuße bzw. nach bereits eingeschränkter oder verlorener Leistungsfähigkeit der Betroffene durch Leistungen in den alten (gesunden) Zustand zurückgeführt wird (Prinzip der Wiederherstellung). Dieser Gedanke schließt die erstmalige Eingliederung Behinderter mit ein. Zu beachten ist, daß die Rehabilitation heute im weiteren Sinne als Oberbegriff verstanden wird und die Prävention mit einbezieht (vgl. auch Abbildung 3).

Rehabilitation als Oberbegriff

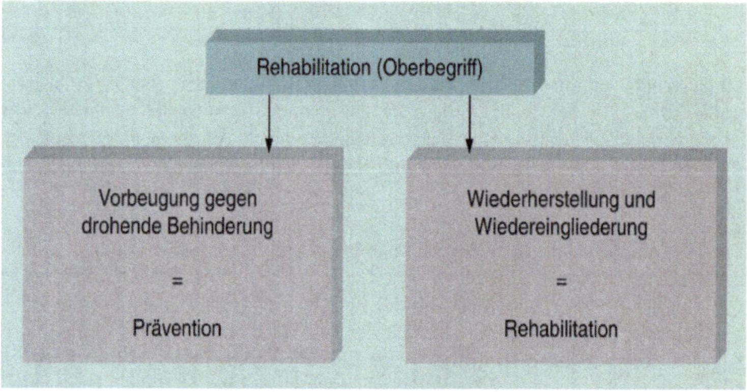

Abbildung 3: Der Präventions- und Rehabilitationsgedanke

1.2.3 Volkswirtschaftlicher Nutzeffekt der Rehabilitation

Wirtschaftliche Bedeutung

Das bereits beschriebene Ziel der Rehabilitation ist aus folgenden Gründen für die Volkswirtschaft von wesentlichem Nutzen:

- höherer Konsum (verstärkte Güternachfrage) des Betreuten durch seine berufliche Eingliederung (aus den daraus bezogenen Arbeitseinkünften ergibt sich als Folge eine Erhöhung der Produktion),
- stärkere Leistungsfähigkeit am Arbeitsplatz,
- weniger krankheitsbedingte Fehlzeiten (Arbeitsunfähigkeit) am Arbeitsplatz,
- Angebot qualifizierter Arbeitnehmer für den Arbeitsmarkt nach erfolgreicher Umschulung,

- Abwendung von Arbeitslosigkeit und Berufslosigkeit,
- Ausgabenminderung der Sozialleistungsträger, zum Beispiel Einsparung von Renten, Krankengeld, Behandlungskosten, Arbeitslosengeld, Arbeitslosenhilfe, Sozialhilfe,
- Einnahmensteigerung der Sozialleistungsträger, zum Beispiel Einzug von Pflichtbeiträgen zur Renten-, Kranken- und Arbeitslosenversicherung,
- höhere Steuereinnahmen infolge Berufstätigkeit,
- zusätzliche medizinische, verwaltungsmäßige und gewerbliche Einrichtungen mit den entsprechenden weiteren Arbeitsplätzen in den Rehabilitationsorten, zum Beispiel Sanatorien, Rehabilitations-Kliniken, Berufsförderungswerken, Fremdenverkehrsgewerbe, Gastronomie, Verkaufsläden sowie
- Steigerung des Bruttosozialprodukts, das heißt der Geldsumme der produzierten Güter und Dienstleistungen.

Zusammenfassung:

In Deutschland hat sich ein stark gegliedertes Rehabilitationssystem mit verschiedenen Rehabilitationsträgern entwickelt. Dieses dezentralisierte System ist sehr vorteilhaft, unter anderem weil die Spezialkenntnisse der einzelnen Träger besser eingesetzt werden können. Als Rehabilitationsträger bestimmt das Gesetz: Rentenversicherungsträger, Krankenkassen, Berufsgenossenschaften, Bundesanstalt für Arbeit (Arbeitsämter), landwirtschaftliche Alterskassen, Versorgungsämter und – eingeschränkt – die Sozialhilfeträger. Wegen der besonderen Bedeutung ist die Rehabilitation als soziales Recht im Sozialgesetzbuch verankert.

Die Leistungen zur Rehabilitation sollen die Erhaltung, Besserung oder Wiederherstellung der Leistungsfähigkeit bewirken. Sie haben den Zweck, körperlich, geistig oder seelisch Behinderte möglichst auf Dauer in Beruf und Gesellschaft einzugliedern. Aus diesem Eingliederungsziel leitet sich auch der Grundsatz „Rehabilitation vor Rente" ab.

Neben dem eigentlichen Rehabilitationsgedanken, der Wiederherstellung der Leistungsfähigkeit, liegt der Rehabilitation im weiteren Sinne auch der Präventionsgedanke, das heißt die Vorbeugung gegen drohende Leistungseinschränkung, zugrunde. Die Rehabilitation ist nicht nur für den Betroffenen selbst, sondern auch für die Volkswirtschaft von Nutzen.

Aufgaben zur Selbstüberprüfung:

1. Erklären Sie die Bezeichnung „gegliedertes Rehabilitationssystem".

2. Nennen Sie drei wesentliche Vorteile des gegliederten Systems.

3. Ordnen Sie den vorgegebenen Sozialleistungsbereichen die jeweiligen Rehabilitationsträger (Oberbegriffe) zu.

Sozialleistungsbereich	Rehabilitationsträger
Arbeiterrentenversicherung	________________
Angestelltenversicherung	________________
Knappschaftliche Rentenversicherung	________________
Krankenversicherung	________________
Unfallversicherung	________________
Arbeitslosenversicherung/ Arbeitsförderung	________________
Altershilfe für Landwirte	________________
Kriegsopferversorgung	________________

4. Ergänzen Sie den nachfolgenden Satz.

   Sinn der Rehabilitationsleistungen ist es, außer der Erhaltung auch die

   ________________ oder ________________ der Leistungsfähigkeit zu bewirken.

5. Nennen Sie den eigentlichen Zweck (Ziel) der Rehabilitation.

6. Erklären Sie den Begriff „Prävention".

7. Beschreiben Sie die wirtschaftliche Bedeutung der Rehabilitation für die Sozialleistungsträger (zwei Aspekte).

2. Rehabilitationsleistungen der Rentenversicherung

Lernziele:

Sie können den Unterschied zwischen Ermessens- und Pflichtleistungen erläutern und sämtliche Leistungsarten zur Rehabilitation benennen.

Sie können die rechtlichen Grundlagen für die Erbringung von Rehabilitationsleistungen aufzählen.

2.1 Rehabilitationsleistungen als Aufgabe der Rentenversicherung

Soziales Recht

Die Verwirklichung des sozialen Rechts auf Rehabilitation ist den Rentenversicherungsträgern ausdrücklich als Aufgabe auferlegt worden (§ 23 in Verbindung mit § 29 Abs. 2 SGB I). Danach können, dem speziellen Recht der Rentenversicherung entsprechend, Heilbehandlung, Berufsförderung und andere Leistungen zur Erhaltung, Besserung und Wiederherstellung der Erwerbsfähigkeit einschließlich wirtschaftlicher Hilfen, zum Beispiel Übergangsgeld, in Anspruch genommen werden. In dem speziellen Recht der Rentenversicherung (SGB VI) ist die Rehabilitation als eine der Leistungsaufgaben dieses Sozialbereichs geregelt (siehe auch Abbildung 4).

Rehabilitation als Leistungsaufgabe

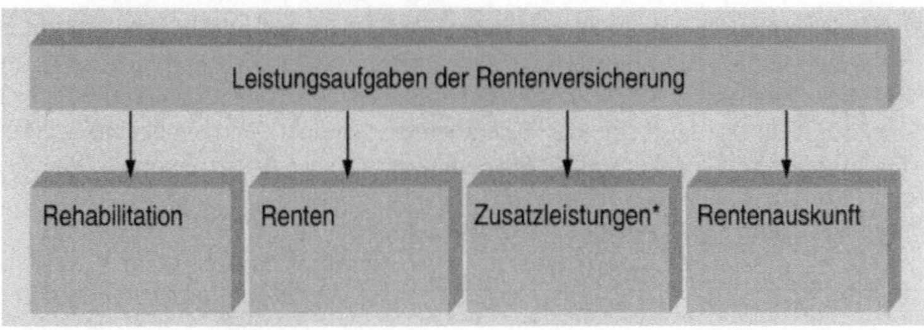

* (zum Beispiel Rentenabfindung)

Abbildung 4: Leistungsaufgaben der Rentenversicherung nach dem SGB VI

2.2 Gliederung der Aufgaben in Ermessens- und Pflichtleistungen

Die Aufgaben der Sozialleistungsträger – und damit auch der Rentenversicherungsträger – sind in Ermessens- und Pflichtleistungen unterteilt (§§ 38 bis 40 SGB I).

Ermessensleistungen

Bei den Ermessensleistungen hat der Gesetzgeber nicht zwingend vorgeschrieben, daß unter bestimmten Voraussetzungen „automatisch" ein Anspruch besteht. Die Versicherungsträger sind vielmehr ermächtigt, bei der Entscheidung über die Sozialleistungen nach ihrem Ermessen zu handeln. Ein solches Ermessen wird eingeräumt, wenn im Gesetz geregelt ist, daß der Versicherungsträger die betreffende Leistung erbringen kann, darf oder soll. Gelegentlich wird das Ermessen auch durch die Worte „wenn erforderlich" oder ähnlich umschrieben. Diese Formulierungen verpflichten nicht zu Leistungen, sondern ermächtigen dazu. Im allgemeinen Sprachgebrauch werden Ermessensleistungen deshalb auch als „Kann-Leistungen" bezeichnet.

Für die Ermessensleistungen gilt somit folgende Definition:

Definition Ermessensleistungen

Ermessensleistungen sind diejenigen Leistungen, auf die zwar kein gesetzlicher Anspruch besteht, die aber aufgrund gesetzlicher Ermächtigung vom Leistungsträger nach eigenem Ermessen erbracht werden können.

Ermessensgebrauch

Von dem eingeräumten Ermessen muß der Leistungsträger gewissenhaft Gebrauch machen. Diese Verpflichtung zur „pflichtgemäßen Ausübung des Ermessens" ist gesetzlich vorgeschrieben (§ 39 SGB I). Dabei hat der Leistungsträger sein Ermessen entsprechend dem Zweck der Ermächtigung auszuüben und die gesetzlich vorgegebenen Grenzen des Ermessens einzuhalten. Wird das Ermessen nicht in dieser Weise wahrgenommen, liegt Ermessensfehlgebrauch oder Ermessensnichtgebrauch vor. Das zugestandene Ermessen darf also nicht zu Willkür oder Ungleichbehandlung führen.

Rechtsanwendung

Ermessensleistungen sind vom Gesetzgeber dann vorgesehen, wenn eine möglichst konkrete und zweckmäßige Anpassung der Rechtsanwendung an die besonderen Umstände des Einzelfalls sichergestellt werden soll, zum Beispiel im Bereich der Rehabilitation. Ein Anspruch auf Ermessensleistungen besteht erst mit der Bekanntgabe der Entscheidung, also des Bescheides (= Verwaltungsakt) an den Betroffenen (§ 40 Abs. 2 SGB I).

Pflichtleistungen Anspruch

Pflichtleistungen sind dagegen Leistungen, die dem Leistungsträger ohne eigenen Ermessensspielraum vom Gesetzgeber vorgeschrieben werden. Der Anspruch auf Pflichtleistungen besteht, sobald die im Gesetz bestimmten Voraussetzungen vorliegen (§ 40 Abs. 1 SGB I). Der Anspruch auf Pflichtleistungen entsteht demnach unabhängig vom Tätigwerden der Verwaltung, das heißt beim Vorliegen der Anspruchsvoraussetzungen.

Für Pflichtleistungen gilt somit folgende Definition:

Definition Pflichtleistungen

Pflichtleistungen sind diejenigen Sozialleistungen, auf die ein Anspruch besteht, sobald die im Gesetz aufgeführten Anspruchsvoraussetzungen vorliegen.

Renten

Typische Pflichtleistungen aus der Rentenversicherung sind die Renten. Auf sie hat der Versicherte nach den jeweiligen Vorschriften über die einzelnen Rentenarten – die kein Ermessen enthalten – einen Rechtsanspruch, sofern die vorgeschriebenen Voraussetzungen erfüllt sind.

Handlungsspielraum

Im Bereich der Rehabilitation sind in der Rentenversicherung fast ausschließlich Ermessensleistungen vorgesehen. Durch den hiermit gegebenen Handlungsspielraum ist es dem Versicherungsträger möglich, besonders wirksame und individuelle Rehabilitationsleistungen zu erbringen und diese schnell den sich ändernden Gegebenheiten anzupassen.

Die Tatsache, daß für die Rehabilitation in der Rentenversicherung fast ausschließlich Ermessensleistungen vorgesehen sind, ergibt sich aus den verschiedenen Regelungen in den §§ 9 bis 31 SGB VI (vgl. Tabelle 1).

Tabelle 1: Regelungen über eingeräumtes Ermessen der Rentenversicherungsträger bei Rehabilitationsleistungen

§ 9 Abs. 2 Satz 1 SGB VI (Aufgabe der Rehabilitation)	Medizinische, berufsfördernde und ergänzende Leistungen **können** erbracht werden.
§ 13 Abs. 1 SGB VI (Leistungsumfang)	Der Rentenversicherungsträger bestimmt im Einzelfall die Leistungen und die Rehabilitationseinrichtung nach pflichtgemäßem **Ermessen**.
§ 14 Abs. 1 SGB VI (Ort der Leistungen)	Rehabilitationsleistungen **können** – unter besonderen Voraussetzungen – im Ausland erbracht werden.
§ 16 Abs. 3 SGB VI (Berufsfördernde Leistungen)	Berufsfördernde Leistungen werden in Einrichtungen der beruflichen Rehabilitation erbracht, **wenn dies erforderlich** ist.
§ 17 SGB VI (Leistungen an Arbeitgeber)	Berufsfördernde Leistungen **können** auch Zuschüsse an Arbeitgeber umfassen.
§ 18 SGB VI (Leistungen in Werkstatt für Behinderte	Berufsfördernde Leistungen werden in Behindertenwerkstätten erbracht, **wenn sie erforderlich** sind.
§ 19 SGB VI (Dauer berufsfördernder Leistungen)	Leistungen für Umschulung und Fortbildung **sollen** in der Regel nur erbracht werden, wenn sie nicht länger als zwei Jahre andauern.
§ 28 SGB VI (Art der ergänzenden Leistungen)	Als ergänzende Leistungen **können** (außer dem Übergangsgeld) Haushaltshilfe, Reisekosten, Rehabilitationssport und Übernahme bestimmter Kosten im Zusammenhang mit berufsfördernden Leistungen erbracht werden.
§ 29 SGB VI (Haushaltshilfe)	Haushaltshilfe **kann** erbracht werden.
§ 31 SGB VI (Sonstige Leistungen)	Als sonstige Leistungen **können** erbracht werden...

Übergangsgeld

Die mit zu den ergänzenden Leistungen gehörenden Übergangsgelder, sind dagegen als Ausnahme im Rehabilitationsrecht keine Ermessensleistungen. Auf das Übergangsgeld als Pflichtleistung besteht für den Versicherten ein Anspruch (§ 20 SGB VI), wenn die gesetzlichen Voraussetzungen erfüllt sind. Deshalb ist folgende Regel zu beachten:

Übergangsgeld als Pflichtleistung

Hat der Rentenversicherungsträger von seinem Ermessen Gebrauch gemacht und eine medizinische oder berufsfördernde Leistung zur Rehabilitation als Ermessensleistung bewilligt, dann muß er ergänzend als Pflichtleistung – bei Vorliegen der entsprechenden Voraussetzungen – auch das dazu gehörende Übergangsgeld zahlen.

Fälligkeit

Die Einbeziehung der Übergangsgelder als Pflichtleistungen zur Rehabilitation hat praktische Bedeutung für die Fälligkeit (§ 41 SGB I), Verjährung (§ 45 SGB I) und Einklagbarkeit.

2.3 Rechtliche Grundlagen für die Erbringung der Leistungen

Verschiedene Rechtsgrundlagen

Da das Rehabilitationssystem gegliedert ist, verschiedene Rehabilitationsträger, und die Leistungen zur Rehabilitation im wesentlichen im Ermessensspielraum der Sozialleistungsträger liegen, wurden, über die zum Teil allgemein gehaltenen Gesetzesvorschriften hinaus, weitere Rechtsgrundlagen zur zügigen und sachgerechten Leistungserfüllung notwendig (vgl. auch Abbildung 5). Diese weiteren Regelungen sind überwiegend von den Rehabilitationsträgern im Rahmen der ihnen übertragenen Selbstverwaltung geschaffen worden.

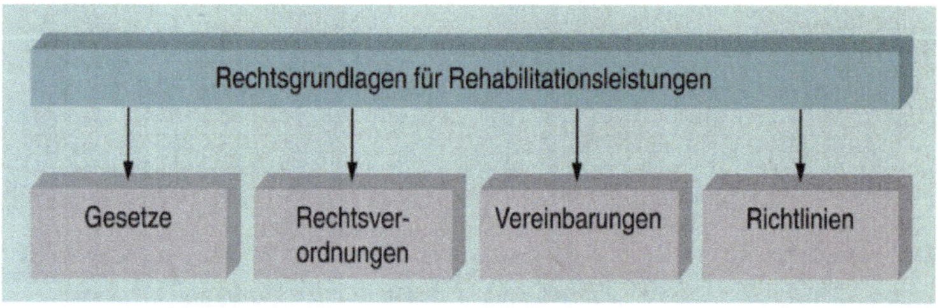

Abbildung 5: Rechtliche Grundlagen für die Erbringung von Leistungen zur Rehabilitation

2.3.1 Gesetze

Rechtliche Hauptgrundlage für die Erbringung der Leistungen zur Rehabilitation sind die sie betreffenden Gesetzesvorschriften. Für die Rentenversicherung haben im wesentlichen folgende rehabilitationsrechtlichen Gesetze Bedeutung:

- Rehabilitations-Angleichungsgesetz (RehaAnglG) – zum Beispiel Rehabilitationsträger, Vorleistungspflicht,
- Sozialgesetzbuch I (SGB I) – zum Beispiel Mitwirkungspflichten des Leistungsberechtigten,

- Sozialgesetzbuch V (SGB V) – mit Regelungen der Krankenversicherung, die auch für das Rehabilitationsrecht der Rentenversicherung bedeutend sind (zum Beispiel § 40 Abs. 4 SGB V für den Vorrang der Rentenversicherung bei medizinischer Rehabilitation, § 47 SGB V für das Übergangsgeld),
- Sozialgesetzbuch VI (SGB VI) – mit den eigentlichen Regelungen zum Rehabilitationsrecht in der Rentenversicherung (insbesondere §§ 9 bis 32, 111, 115, 116, 235, 235 a SGB VI),
- Sozialgesetzbuch X (SGB X) – zum Beispiel Verwaltungsverfahren, Fristberechnungen, Erstattungsansprüche.

2.3.2 Rechtsverordnungen

Ermächtigung

Rechtsverordnungen haben die gleiche rechtliche Wirkung wie Gesetze, werden aber nicht von der gesetzgebenden Gewalt (Bundestag, Bundesrat), sondern von der ausführenden (exekutiven) Gewalt – zum Beispiel Bundesregierung, Bundesminister für Arbeit und Sozialordnung – erlassen. Um einen Tatbestand durch Rechtsverordnung regeln zu können, bedarf es aufgrund des Rechtsstaatsprinzips einer gesetzlichen Ermächtigung (sogenannte Verordnungsermächtigung). Eine Rechtsverordnung darf keine neuen Leistungstatbestände schaffen, sondern nur die bereits im Gesetz bestehenden Verpflichtungen oder Ermächtigungen im einzelnen näher ausgestalten bzw. präzisieren.

Bundesregierung

Kfz-Hilfeverordnung

Im Rehabilitationsrecht gibt es Verordnungsermächtigungen in den §§ 8 und 9 Abs. 2 RehaAnglG für die Bundesregierung. Sie hat – mit Zustimmung des Bundesrates – in einem Fall hiervon Gebrauch gemacht und zur Leistungsangleichung bei den einzelnen Rehabilitationsträgern die Kraftfahrzeughilfe-Verordnung (KfzHV) vom 28. 9. 1987 in der Fassung der 1. Änderungsverordnung vom 30. 9. 1991 erlassen (vgl. Abschnitt 4.2.1).

2.3.3 Vereinbarungen

Rehabilitationsauftrag

Um den gesetzlich vorgeschriebenen Rehabilitationsauftrag zügig und sachgerecht erfüllen zu können, dürfen die Rehabilitationsträger der verschiedenen Sozialleistungsbereiche genauere Regelungen durch Vereinbarungen treffen. Derartige Vereinbarungen müssen sich streng an den durch Gesetz, Rechtsverordnung (oder Verwaltungsvorschriften) vorgegebenen Rahmen halten.

Rechtsgrundlagen

Rechtsgrundlagen für Vereinbarungen im Rehabilitationsrecht sind insbesondere § 5 Abs. 6 und § 8 Abs. 2 RehaAnglG sowie § 13 Abs. 4 SGB VI. Aufgrund dieser Rechtsgrundlagen haben die Rehabilitationsträger zahlreiche Gesamtvereinbarungen (Vereinbarungen im Einvernehmen aller Träger) und Vereinbarungen allgemeiner Art zur Durchführung der Rehabilitation abgeschlossen. Im übrigen sind Vereinbarungen zwischen den Rehabilitationsträgergruppen auch dann zulässig, wenn eine besondere, spezifische Rechtsvorschrift hierfür im Gesetz nicht vorhanden ist.

Beispiele:

- Gesamtvereinbarung über die Beteiligung der Bundesanstalt für Arbeit bei beruflicher Rehabilitation,
- Suchtvereinbarung,
- Empfehlungsvereinbarung Ambulante Rehabilitation Sucht.*)

2.3.4 Richtlinien

Ähnlich wie die Vereinbarungen haben auch die von den einzelnen Rehabilitationsträgern erstellten Richtlinien den Zweck, den gesetzlichen Rehabilitationsauftrag zügig und sachgerecht umzusetzen. Die Richtlinien müssen sich gleichfalls streng an den durch Gesetz oder Rechtsverordnung (bzw. Verwaltungsvorschriften) vorgegebenen Rahmen halten.

Geltungsbereich

Selbstverwaltung

Im Gegensatz zu den Vereinbarungen gelten die Richtlinien in der Regel nur für einen Sozialleistungsbereich, zum Beispiel Rentenversicherung, oder sogar lediglich für einen einzigen Versicherungsträger, zum Beispiel Rehabilitations-Richtlinien der BfA. Die Richtlinien wurden entweder von der Selbstverwaltung der Versicherungsträger als autonomes, das heißt selbstgesetztes Recht (wenn die Richtlinien von der Vertreterversammlung als Legislativorgan gemäß § 33 Abs. 1 SGB IV beschlossen wurden) oder von der Verwaltung der Rentenversicherung (gegebenenfalls über den VDR) erlassen, zum Beispiel wegen der §§ 31 Abs. 2 und 32 Abs. 4 SGB VI. Die für die Rentenversicherung wichtigen Richtlinien betreffen entweder das gesamte Rehabilitationsrecht, die Befreiung von der Zuzahlung oder die sonstigen Leistungen (zum Beispiel Ca-Richtlinien, Richtlinien für Kinderheilbehandlungen).

2.4 Arten der Rehabilitationsleistungen

Einschränkungen

Unter Beachtung der rechtlichen Grundlage (vgl. Abschnitt 2.3) erbringen die Rentenversicherungsträger die verschiedenen Arten von Rehabilitationsleistungen. Dabei sind Einschränkungen hinsichtlich des Umfanges und des Ortes der Leistungen zu beachten.

Grundleistungen

Die Grundleistungen zur Erfüllung der eigentlichen Rehabilitationsaufgabe sind für die Rentenversicherung in § 9 Abs. 1 SGB VI aufgeführt. Hierbei handelt es sich um:

- medizinische Leistungen (§ 15 SGB VI),
- berufsfördernde Leistungen (§§ 16 bis 19 SGB VI) sowie
- ergänzende Leistungen (§§ 20 ff. und 28 ff. SGB VI).

*) Eine vollständige Übersicht über die zur Durchführung der Rehabilitation abgeschlossenen Vereinbarungen ist im Kommentar des VDR zum Recht der Gesetzlichen Rentenversicherung in den Anlagen zu § 13 SGB VI abgedruckt.

Darüber hinaus können sonstige Leistungen erbracht werden (§ 31 SGB VI). Durch sie wird der Rehabilitationsbegriff über die eigentliche Bedeutung hinaus (Eingliederungsgedanke) wesentlich erweitert, zum Beispiel Nach- und Festigungskuren an Altersrentner oder Kinderheilbehandlung.

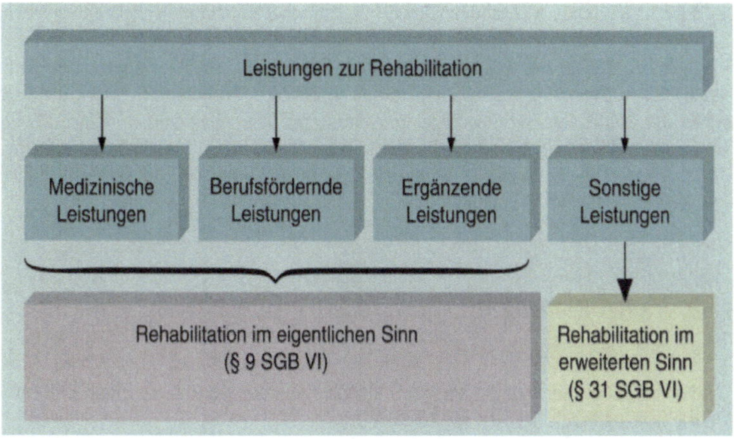

Abbildung 6: Die verschiedenen Rehabilitationsleistungen in der Rentenversicherung

Hinweis

Im einzelnen sind die medizinischen Leistungen in Kapitel 3 und die berufsfördernden Leistungen in Kapitel 4 dieses Studientextes dargestellt. Näheres über die ergänzenden Leistungen finden Sie im Studientext Nr. 13 „Übergangsgeld" und im Studientext Nr. 14 „Ergänzende und sonstige Leistungen sowie Zuzahlung".

2.5 Umfang und Ort der Leistungen

Bei der Bestimmung und Durchführung der verschiedenen Rehabilitationsleistungen sind allgemeine Grundsätze hinsichtlich des Leistungsumfanges und des Rehabilitationsortes zu beachten (§§ 13, 14 SGB VI).

2.5.1 Leistungsumfang

Ermessensspielraum

Den Leistungsumfang der Rehabilitation bestimmt der zuständige Rentenversicherungsträger nach pflichtgemäßem Ermessen unter Beachtung der Grundsätze der Wirtschaftlichkeit und Sparsamkeit (§ 13 Abs. 1 SGB VI). Der Begriff Leistungsumfang umfaßt auch die Art, Dauer, Beginn und Durchführung der Leistungen sowie die Festlegung der Rehabilitationseinrichtung, beispielsweise bestimmte Schwerpunktklinik oder Berufsförderungswerk.

Leistungsbeschränkung

Die gesetzlichen Regelungen über den Leistungsumfang bei medizinischen Leistungen enthalten Leistungsbeschränkungen und Abgrenzungen gegenüber der Krankenversicherung (§ 13 Abs. 2 SGB VI). Von den Rentenversicherungsträgern werden grundsätzlich keine medizinischen Leistungen erbracht:

Akutbehandlung

- in der Phase akuter Behandlungsbedürftigkeit (lediglich während der medizinischen Leistung auftretende Behandlungsbedürftigkeit - sogenannte interkurrente Erkrankung - wird mitbehandelt),
- anstelle sonst erforderlicher Krankenhausbehandlung,
- die dem allgemein anerkannten Stand medizinischer Erkenntnisse nicht entsprechen.

Kostenbegrenzung

Eine gewisse Begrenzung des Leistungsumfanges beinhalten die Regelungen über die finanziellen Aufwendungen für Rehabilitation (§ 220 SGB VI). Hiernach sollen die Ausgaben der Rentenversicherungsträger prozentual pro Jahr nicht stärker steigen als die voraussichtlichen Bruttolöhne der beschäftigten Arbeitnehmer. Innerhalb der Arbeiterrentenversicherung ist darauf zu achten, daß die Rehabilitationsleistungen nach Umfang und Kosten einheitlich erbracht werden.

2.5.2 Ort der Leistungen

Inland

Grundsätzlich dürfen Leistungen zur Rehabilitation nur im Inland (Bundesrepublik Deutschland) erbracht werden (§ 14 SGB VI).

Ausland

Im Ausland ist die Durchführung der Rehabilitation ausnahmsweise erlaubt, wenn für bestimmte Erkrankungen eine befürwortende gutachterliche Äußerung des VDR und eine anschließende Genehmigung der Aufsichtsbehörde vorliegt. Für die bundesunmittelbaren Rentenversicherungsträger (BfA, Bundesknappschaft, Seekasse, Bundesbahn-Versicherungsanstalt, LVA Oldenburg-Bremen) ist als Aufsichtsbehörde das Bundesversicherungsamt (BVA) zuständig. Für die landesunmittelbaren Rentenversicherungsträger (alle sonstigen LVAen) sind die für die Sozialversicherung jeweils maßgebenden obersten Verwaltungsbehörden der Länder (meistens Sozialminister) als Aufsichtsbehörden zuständig (§ 90 SGV IV).

Genehmigung

Davos

Grundvoraussetzung für die Genehmigung von Rehabilitationsleistungen im Ausland ist, daß dort für bestimmte Erkrankungen ein besserer Rehabilitationserfolg als im Inland zu erwarten ist. Die Aufsichtsbehörden haben bisher ausschließlich Genehmigungen für die Durchführung stationärer Heilbehandlungen in Davos (Schweiz) erteilt. Das dortige Gebirgsreizklima führt bei bestimmten Asthma-, Haut- und Augenerkrankungen sowie Allergien zu besonders erfolgreicher Behandlung.

Zusammenfassung:

Zu den Leistungsaufgaben der Rentenversicherung gehört – neben Renten, Zusatzleistungen und Rentenauskunft – die Rehabilitation. Die Rehabilitationsleistungen sind fast ausschließlich Ermessensleistungen („Kann-Leistungen") des Versicherungsträgers. Lediglich das Übergangsgeld ist ohne Ermessensspielraum bei Erfüllung der gesetzlichen Voraussetzungen als Pflichtleistung zu zahlen. Rechtliche Grundlagen für die Durchführung der Rehabilitation sind Gesetze (zum Beispiel RehaAnglG, SGB I und VI), Rechtsverordnungen (Kraftfahrzeughilfe-Verordnung) sowie zahlreiche Vereinbarungen und Richtlinien der Sozialleistungsträger.

In der Rentenversicherung kommen zur Erfüllung der eigentlichen Rehabilitationsaufgabe medizinische, berufsfördernde und ergänzende Leistungen in Betracht. Darüber hinaus gibt es im erweiterten Rehabilitationssinn sonstige Leistungen. Den Leistungsumfang bestimmt der Rentenversicherungsträger selber. Grundsätzlich werden die Leistungen im Inland durchgeführt.

Aufgaben zur Selbstüberprüfung:

8. Erklären Sie den Begriff „Ermessensleistungen".

9. Ordnen Sie die nachfolgend aufgezählten Leistungen a) den Ermessensleistungen und b) den Pflichtleistungen zu.

   Renten – medizinische Leistungen zur Rehabilitation – berufsfördernde Leistungen – Übergangsgeld – ergänzende Leistungen (außer Übergangsgeld) – sonstige Leistungen.

10. Zählen Sie die drei Grundleistungen für die Rehabilitation im eigentlichen Sinne auf.

11. Nennen Sie die vier rechtlichen Grundlagen (Oberbegriffe) für die Erbringung der Rehabilitationsleistungen.

12. Schildern Sie, unter welchen Ausnahmevoraussetzungen die Rehabilitation im Ausland durchgeführt werden darf.

3. Medizinische Leistungen

Lernziele:

Sie können die verschiedenen medizinischen Leistungen feststellen und dabei zwischen ambulanter und stationärer Heilbehandlung sowie den Heil- und Hilfsmitteln unterscheiden.

3.1 Art der Leistungserbringung

Stationäre Heilbehandlung

Die medizinischen Leistungen zur Rehabilitation werden vor allem als stationäre Heilbehandlung („Kur") durchgeführt (§ 15 Abs. 2 SGB VI). „Stationär" bedeutet, daß der Versicherte während der Heilbehandlung ganztägig in einer Rehabilitationseinrichtung, zum Beispiel Rehabilitations-Klinik, mit Unterkunft und Verpflegung untergebracht ist.

Ambulante Leistungen

Sucht

In untergeordnetem Maße können die Rentenversicherungsträger auch ambulante Leistungen erbringen, soweit diese für die Eingliederung des Versicherten in das Erwerbsleben geeignet und ausreichend sind. „Ambulant" bedeutet, daß der Versicherte nicht in einer Einrichtung untergebracht ist, sondern nur kurzzeitig an bestimmten Tagen behandelt oder betreut wird. In der Regel sind die Krankenversicherungsträger für ambulante Leistungen zuständig. In der Rentenversicherung sind sie insbesondere bei Abhängigkeitskranken (Alkohol-, Medikamenten-, Drogensucht) üblich (Empfehlungsvereinbarungen Ambulante Rehabilitation Sucht).

Als Grundsatz gilt jedoch:

Medizinische Leistungen zur Rehabilitation werden in der Rentenversicherung in erster Linie als stationäre Leistungen erbracht.

Leistungsumfang

Den Leistungsumfang – also Art, Dauer, Umfang, Beginn und Durchführung – bestimmt im Einzelfall der zuständige Rentenversicherungsträger (§ 13 Abs. 1 SGB VI). Die Wiederholung medizinischer Leistungen (sogenannte Wiederholungsheilbehandlung) ist allerdings grundsätzlich vor Ablauf von drei Jahren nach der Durchführung solcher oder ähnlicher Leistungen gemäß § 12 Abs. 2 SGB VI ausgeschlossen (vgl. Abschnitt 8.4).

Zuzahlung

Betreute, die eine medizinische Leistung zur Rehabilitation erhalten, müssen grundsätzlich für jeden Tag eine Zuzahlung leisten (§ 32 SGB VI und Zuzahlungs-Richtlinien); vgl. hierzu den Studientext Nr. 14 „Ergänzende und sonstige Leistungen sowie Zuzahlung".

3.2 Medizinische Einzelleistungen

Heilbehandlung

Die wichtigsten Einzelleistungen, die im Zusammenhang mit der Heilbehandlung erbracht werden, sind – beispielhaft – in § 15 Abs. 1 SGB VI zusammengefaßt (vgl. Abbildung 7).

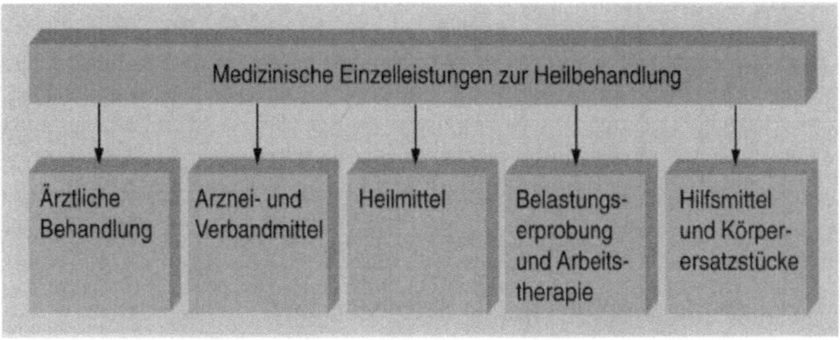

Abbildung 7: Medizinische Einzelleistungen im Zusammenhang mit der Heilbehandlung (§ 15 Abs. 1 SGB VI)

Schonungszeit

Im weiteren Sinne ist den medizinischen Leistungen außerdem die Schonungszeit zuzuordnen. Sie wird vom Arzt der Behandlungsstätte (Rehabilitations-Klinik) im unmittelbaren Anschluß an die stationäre Heilbehandlung verordnet, sofern der Betreute bei Entlassung arbeitsfähig ist und einer befristeten Zeit der Arbeitsruhe bedarf. Die Schonungszeit beträgt in der Regel drei Tage und in begründeten Ausnahmen bis zu sieben Tagen (§ 25 Abs. 3 Nr. 2 SGB VI).

3.2.1 Ärztliche Behandlung

Heilberufe

Interkurrente Erkrankung

Ärztliche Behandlung ist jede Form der Untersuchung, Betreuung und Behandlung durch den Arzt. Sie kann auch von Angehörigen anderer Heilberufe (zum Beispiel Krankengymnastin, Masseur, Therapeut) unter ärztlicher Aufsicht oder Anordnung durchgeführt werden. Während der stationären Heilbehandlung werden auch alle auftretenden Krankheiten, sogenannte interkurrente Erkrankungen, mitbehandelt, soweit dies ärztlicherseits ohne Verlegung möglich ist.

3.2.2 Arznei- und Verbandmittel

Arzneimittel

Arzneien sind Substanzen, die im Gegensatz zu den Heilmitteln im wesentlichen auf den inneren Organismus einwirken. Sie werden dem Körper durch Einnehmen, Einatmen, Einreiben oder Einspritzen zugeführt. Arzneimittel sind insbesondere dazu bestimmt, Krankheiten, Körperschäden oder krankhafte Beschwerden zu heilen, zu lindern, zu verhüten oder zu erkennen (§ 2 Arzneimittelgesetz). Hierzu gehören zum Beispiel Tabletten, Zäpfchen, Tropfen, Säfte und Impfstoffe.

Verbandmittel

Verbandmittel sind Stoffe, die in der Regel dazu dienen, oberflächengeschädigte Körperteile zu bedecken oder deren Körperflüssigkeiten aufzusaugen (§ 4 Abs. 9 Arzneimittelgesetz). Hierzu gehören zum Beispiel Mullbinden, Wundverbände und Pflaster.

3.2.3 Heilmittel

Kranken-gymnastik

Heilmittel unterscheiden sich von den Arzneimitteln im wesentlichen dadurch, daß sie auf den Körper zum Zwecke der Heilung, Besserung oder Linderung äußerlich einwirken. Heilmittel sind zum Beispiel Heilpflaster, Salben, Heilerde, Bäder, Massagen und Bestrahlungen. Aber auch die im Gesetz besonders hervorgehobene Krankengymnastik, Bewegungs-, Sprach- und Beschäftigungstherapie zählen im weiteren Sinne dazu.

3.2.4 Belastungserprobung und Arbeitstherapie

Krankheit

Die vom Gesetzgeber den medizinischen Leistungen zugeordnete Belastungserprobung sowie die Arbeitstherapie liegen bereits im Grenzbereich zu den berufsfördernden Leistungen (Berufsvorbereitung) bzw. zur Berufsfindung und Arbeitserprobung im Rahmen des Verwaltungsverfahrens (vgl. Abschnitte 4.2.2 und 4.3). Als medizinische Leistungen kommen sie insbesondere in Betracht, wenn nach längerer Krankheit geprüft werden soll, ob der Versicherte seinen alten Beruf wieder ausüben kann.

Belastungs-erprobung

Ziel der Belastungserprobung ist es, den Leistungsumfang und die Anpassungsfähigkeit des Versicherten zu ermitteln sowie die Dauerbelastung für den Arbeitsplatz festzustellen. Hierzu dienen unter anderem Testverfahren mit Arbeitsproben, psychologische Untersuchungen und körperliche Leistungstests.

Arbeitstherapie

Ziel der Arbeitstherapie ist es, im Rahmen eines Leistungstrainings, die Arbeitsbelastung zu stabilisieren oder zu verbessern. Ferner sollen die Arbeitsqualität erhöht und das Arbeitstempo angemessen gesteigert werden. Zusätzlich werden Fertigkeiten verbessert oder entwickelt, die für die berufliche Eingliederung notwendig sind.

3.2.5 Hilfsmittel und Körperersatzstücke

Zu den medizinischen Leistungen gehören im Einzelfall die Ausstattung mit orthopädischen und anderen Hilfsmitteln einschließlich Körperersatzstücken sowie gegebenenfalls notwendige Änderung, Instandsetzung und Ersatzbeschaffung. Auch die Ausbildung und Anweisung im Gebrauch der Hilfsmittel zählen dazu.

Hilfsmittel

Hilfsmittel werden im Gegensatz zu Heilmitteln nicht therapeutisch oder behandlungsmäßig zur Heilung oder Besserung einer Krankheit oder Behinderung eingesetzt. Sie haben die Aufgabe, deren Folgeerscheinungen erträglicher zu machen und Ersatz oder Ausgleich für die bestehende Funktionsbeeinträchtigung zu schaffen. Zu den Hilfsmitteln gehören zum Beispiel orthopädisches Schuhwerk, Hörgeräte, Rollstühle, Sitzhilfen und Prothesen.

Die Ausstattung mit Hilfsmitteln ist allerdings meistens Aufgabe der Krankenversicherung. Als medizinische Leistung der Rentenversicherung kommen diese nur in Betracht, wenn sie während oder zur Durchführung der eigentlichen Heilbehandlung zum Erreichen des Rehabilitationsziels tatsächlich erforderlich werden.

Krankenversicherung

3.3 Anschlußheilbehandlung

Zusammenarbeit mit Krankenkassen

Als besondere Form der medizinischen Leistungen werden von den Rentenversicherungsträgern in Zusammenarbeit mit den Krankenkassen AHB durchgeführt (über zehn Prozent aller stationären Heilbehandlungen). Als Anschlußheilbehandlungen bezeichnet man stationäre Leistungen in AHB-Kliniken (Schwerpunktkliniken), die sich unmittelbar an eine von der Krankenkasse finanzierte Akutbehandlung im Krankenhaus bei bestimmten Erkrankungen, zum Beispiel Herzinfarkt, anschließen. Zwischen beiden Behandlungsphasen darf grundsätzlich eine zeitliche Lücke von 14 Tagen nicht überschritten werden.

Verlegung

Um im Interesse des Rehabilitationserfolges eine möglichst nahtlose Verlegung vom Krankenhaus in die Rehabilitations-Klinik zu ermöglichen, haben die Rentenversicherungsträger mit den verschiedenen gesetzlichen Krankenkassen schnelle, unbürokratische AHB-Verfahren vereinbart. Einige Rentenversicherungsträger, zum Beispiel BfA, praktizieren hierbei das Direkteinweisungsverfahren, andere das Schnelleinweisungsverfahren.

Direkteinweisung

Beim Direkteinweisungsverfahren wird der Versicherte in der Regel vom Krankenhaus aus, nach vorheriger – telefonischer – Absprache mit der AHB-Klinik, direkt dorthin verlegt, sofern dieser der anschließenden Heilbehandlung zustimmt. Die Rehabilitations-Klinik entscheidet darüber, ob der Patient für die Anschlußheilbehandlung geeignet ist und die Voraussetzungen für das AHB-Verfahren vorliegen. Beim Rentenversicherungsträger muß vorher weder der Rehabilitationsantrag gestellt noch der Bewilligungsbescheid abgewartet werden. Das hat zur Folge, daß die Entscheidung über Zuständigkeit und Kostenträgerschaft regelmäßig erst nach der Anschlußheilbehandlung getroffen wird. Hierbei gilt:

- Sofern die persönlichen (medizinischen) und versicherungsrechtlichen Voraussetzungen in der Rentenversicherung erfüllt sind, übernimmt der Rentenversicherungsträger die Kosten.
- Sofern diese Voraussetzungen nicht vorliegen, übernimmt die jeweilige Krankenkasse für ihre Mitglieder die Kosten.

Schnelleinweisung

Beim Schnelleinweisungsverfahren prüft der zuständige Rentenversicherungsträger die Voraussetzungen vor Einleitung der Anschlußheilbehandlung. Das Schnelleinweisungsverfahren lehnt sich also eng an das normale Antragsverfahren an. Eine Beschleunigung des Verfahrens wird jedoch dadurch erreicht, daß die Vorgänge vorrangig und in Sonderarbeitsgruppen bearbeitet werden.

Indikationsliste

Für welche Erkrankungen eine Anschlußheilbehandlung möglich ist, haben die Rentenversicherungsträger beim VDR in einer gemeinsamen „Indikationsliste" festgelegt. Nach dieser Liste sind elf Indikationsgruppen mit über 70 Krankheitsbildern (Einzeldiagnosen) zugelassen.

3.4 Entwöhnungsbehandlung bei Suchtkranken

Abhängigkeitskranke

Die Behandlung und Rehabilitation von Suchtkranken gewinnt aufgrund der steigenden Zahl der Betroffenen immer mehr an Bedeutung. Bei den Suchtkranken wird unterschieden zwischen:

- Alkoholabhängigen,
- Medikamentenabhängigen,
- Drogenabhängigen sowie
- Mehrfachabhängigen.

Raucher

Raucher werden von der Entwöhnungsbehandlung nicht erfaßt.

Alkohol

Alkoholabhängige Kranke sind exzessive Trinker. Ihre Abhängigkeit vom Alkohol hat einen solchen Grad erreicht, daß sie deutliche körperliche, geistige oder seelische Störungen aufweisen. Regelmäßig liegen Beeinträchtigungen der Gesundheit, ihrer mitmenschlichen Beziehungen und ihrer sozialen bzw. wirtschaftlichen Funktionen vor.

Medikamente

Medikamentenabhängige Kranke sind Personen, die regelmäßig und mißbräuchlich Medikamente einnehmen. Die Personen sind von diesen Stoffen in solcher Weise abhängig, daß sie durch Verlust der Selbstkontrolle deutlich körperliche, geistige oder seelische Störungen aufweisen. Regelmäßig liegen Beeinträchtigungen der Gesundheit, ihrer mitmenschlichen Beziehungen und ihrer sozialen bzw. wirtschaftlichen Funktionen vor.

Drogen

Drogenabhängige Kranke sind Personen, die regelmäßig sogenannte Rauschgifte, zum Beispiel Heroin oder LSD, einnehmen. Die Personen sind von diesen Mitteln in solcher Weise abhängig, daß sie durch Verlust der Selbstkontrolle deutlich körperliche, geistige oder seelische Störungen aufweisen. Regelmäßig liegen auch hier Beeinträchtigungen der Gesundheit, ihrer mitmenschlichen Beziehungen und ihrer sozialen bzw. wirtschaftlichen Funktionen vor.

Mehrfachabhängig

Mehrfachabhängige sind Personen, die regelmäßig von mehr als einem Suchtmittel, zum Beispiel Alkohol und Drogen, abhängig sind.

Von einer Abhängigkeit ist auszugehen, wenn eines der folgenden Merkmale vorliegt:

- Unfähigkeit zur Abstinenz oder
- Verlust der Selbstkontrolle oder
- periodisches Auftreten eines der beiden Symptome.

Sucht-Vereinbarung

Da die Sucht (Süchtigkeit, Abhängigkeit) zu den Krankheiten im Sinne des Sozialversicherungsrechts gehört, kommen stationäre Behandlungen sowohl in der Krankenversicherung als auch in der Rentenversicherung in Frage. Die Abgrenzungen bei stationären Leistungen sind in der Sucht-Vereinbarung geregelt. In Abbildung 8 sind die grundsätzlichen Zuständigkeiten bei Abhängigkeitskranken dargestellt.

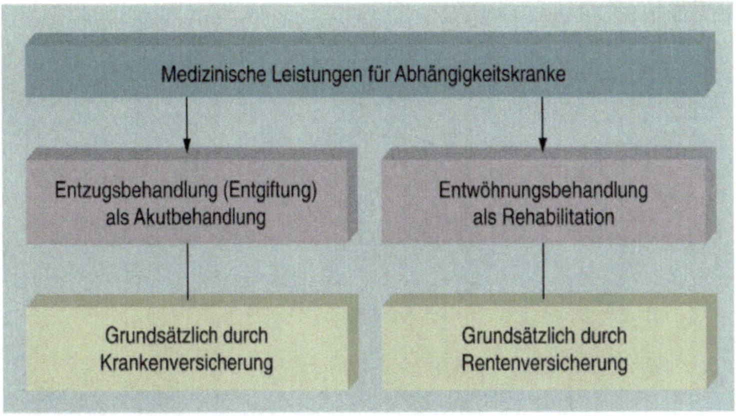

Abbildung 8: Zuständigkeiten bei stationären medizinischen Leistungen für Abhängigkeitskranke

Voraussetzungen

Bei der Entwöhnungsbehandlung, also der eigentlichen Rehabilitationsphase durch die Rentenversicherungsträger, müssen die üblichen persönlichen und versicherungsrechtlichen Voraussetzungen erfüllt sein (vgl. Abschnitte 8.1 und 8.2). Zusätzlich sind noch folgende vier spezielle Voraussetzungen erforderlich:

- Entgiftung bereits durchgeführt oder nicht erforderlich,
- keine Möglichkeit einer erfolgreichen ambulanten Behandlung,
- Motivation des Betroffenen,
- Bereitschaft zur Nachsorge.

Ambulante Leistungen

Bei Abhängigkeitskranken führen die Rentenversicherungsträger auch ambulante Leistungen zur Rehabilitation, zum Beispiel Therapiegespräche, durch bzw. übernehmen hierfür die Kosten (Empfehlungsvereinbarung Ambulante Rehabilitation Sucht). Sie kommen zum Beispiel als Nachsorge in Frage, wenn die Entwöhnung noch nicht abgeschlossen, aber soweit fortgeschritten ist, daß sie nicht mehr stationär erfolgen muß.

Zusammenfassung:

Die medizinischen Leistungen zur Rehabilitation werden hauptsächlich als stationäre Heilbehandlung erbracht. Die Übernahme der Kosten bei ambulanter Behandlung (insbesondere bei Suchtkranken) ist möglich. Die eigentliche Heilbehandlung („Kur“) setzt sich aus verschiedenen medizinischen Einzelleistungen zusammen, zum Beispiel: ärztliche Behandlung, Arzneimittel, Therapien, Heil- und Hilfsmittel.

Besondere Formen der Heilbehandlung als medizinische Rehabilitationsleistung sind die Anschlußheilbehandlung (AHB) nach Krankenhausaufenthalt und die Entwöhnungsbehandlung von Suchtkranken bei Alkohol-, Medikamenten- oder Drogenabhängigkeit.

Aufgaben zur Selbstüberprüfung:

13. Erklären Sie den Unterschied zwischen stationären und ambulanten Leistungen zur Rehabilitation.

14. Zählen Sie die wichtigsten medizinischen Einzelleistungen auf, die im Rahmen der Heilbehandlung („Kur") erbracht werden.

15. Erklären Sie den Begriff „Heilmittel".

16. Erklären Sie den Begriff „Hilfsmittel".

17. Nennen Sie diejenige medizinische Leistung, bei der die Einleitung des Rehabilitationsverfahrens aufgrund von Vereinbarungen zwischen Rentenversicherungs- und Krankenversicherungsträgern besonders schnell erfolgt.

4. Berufsfördernde Leistungen

Lernziel:

Sie können die verschiedenen berufsfördernden Leistungen feststellen.

4.1 Art der Leistungserbringung

Zielsetzung

Berufsfördernde Leistungen zur Rehabilitation umfassen entsprechend dem allgemeinen Rehabilitationsziel alle erforderlichen nichtmedizinischen Hilfen, mit denen die Erwerbsfähigkeit des Behinderten entsprechend seiner Leistungsfähigkeit erhalten, gebessert oder (wieder)hergestellt werden soll. Das Ziel ist, eine möglichst dauerhafte berufliche Eingliederung zu erreichen (§ 11 Abs. 1 RehaAnglG). Sie können auch zum beruflichen Aufstieg erbracht werden (§ 16 Abs. 2 SGB VI).

Abgrenzung

Entsprechend der Art der Leistung und ihrer Durchführung gilt in Abgrenzung zwischen medizinischen und berufsfördernden Leistungen folgendes:

Berufsfördernde Leistungen zur Rehabilitation zielen nicht auf die Besserung des Gesundheitszustandes ab, sondern sollen die Befähigung zur Ausübung einer Berufstätigkeit auf nichtmedizinische Weise, zum Beispiel Umschulung, verschaffen.

Auch bei den berufsfördernden Leistungen ist sowohl eine stationäre als eine nichtstationäre Leistungserbringung möglich. Der bei der medizinischen Rehabilitation gebräuchliche Begriff „ambulant" ist hier nicht zu verwenden.

Stationäre Leistungen

Sofern es Art und Schwere der Behinderung bzw. die Sicherung des Rehabilitationserfolges erforderlich machen, werden bestimmte berufsfördernde Leistungen (zum Beispiel Umschulung, Ausbildung) stationär in Einrichtungen der beruflichen Rehabilitation, insbesondere in Berufsförderungswerken, erbracht. Die stationäre Leistungserbringung erfolgt internatsmäßig und schließt die notwendige Unterbringung und Verpflegung mit ein, sofern eine Unterbringung außerhalb des eigenen oder elterlichen Haushalts – zum Beispiel aufgrund der Entfernung – erforderlich ist (§ 16 Abs. 3 SGB VI).

Internat

Erfolgt keine vollstationäre Unterbringung, so werden Verpflegung und Fahrkosten zur Umschulungsstätte übernommen.

Bei verschiedenen berufsfördernden Leistungen – zum Beispiel bei den Zuschüssen zum Kraftfahrzeug (Kfz-Hilfe) – stellt sich die Frage der „stationären" Leistungserbringung aufgrund des Charakters der Leistung überhaupt nicht.

4.2 Berufsfördernde Einzelleistungen

Die wichtigsten Einzelleistungen zur Berufsförderung sind – beispielhaft – in § 16 Abs. 1 SGB VI zusammengefaßt.

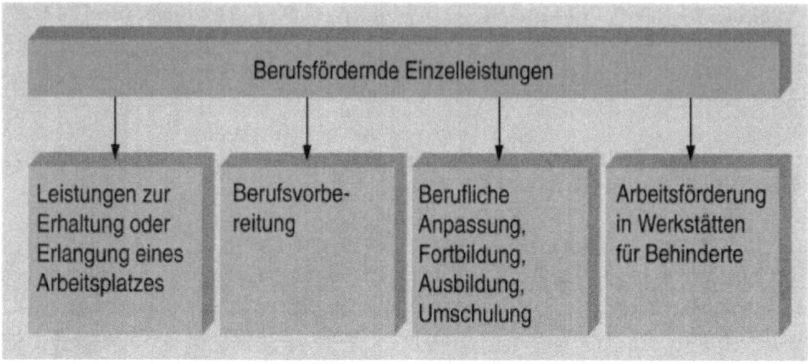

Abbildung 9: Berufsfördernde Einzelleistungen zur Rehabilitation (§ 16 Abs. 1 SGB VI)

4.2.1 Leistungen zur Erhaltung oder Erlangung eines Arbeitsplatzes

Arbeitsplatzsicherung

Ziel dieser Leistungen ist es, den vorhandenen Arbeitsplatz (auch Teilzeitarbeitsplatz) des Behinderten zu sichern oder ihn in die Lage zu versetzen, einen neuen Arbeitsplatz auszufüllen. Hierzu gehört als persönliche Hilfe die individuelle Beratung des Betroffenen und seines Arbeitgebers bzw. der Mitarbeiter. Mit zu diesem Leistungskomplex zählt die Förderung der Arbeitsaufnahme.

Arbeitsplatzhilfen

Hilfen zur Erhaltung oder Erlangung eines Arbeitsplatzes sind insbesondere (Vereinbarung '85):

- Fahrkostenhilfe,
- Kraftfahrzeughilfe,
- Trennungsbeihilfe,
- Überbrückungsbeihilfe,
- Umzugskosten,
- Wohnkosten,
- Kosten für Arbeitsausrüstung,
- Erstattung von Verdienstausfall oder
- Zuschüsse an Arbeitgeber (§ 17 SGB VI).

Kraftfahrzeughilfe

Wichtigste Leistung ist aus diesem Bereich die Kraftfahrzeughilfe nach der Kraftfahrzeughilfe-Verordnung (KfzHV). Sie besteht aus:

- Beschaffung eines Kraftfahrzeugs (Zuschuß),
- behinderungsbedingte Zusatzausstattung,
- Erlangung einer Fahrerlaubnis (Zuschuß).

Besondere persönliche Voraussetzung für die Kfz-Hilfe ist, daß der Versicherte wegen seiner Behinderung auf ein Auto zum Erreichen des Arbeitsplatzes oder zur Berufsausübung angewiesen ist. Die Höhe der Kfz-Hilfe ist vom Kaufpreis des Autos und von den Einkommensverhältnissen des Behinderten abhängig.

Persönliche Voraussetzungen

Beträgt das monatliche Nettoeinkommen des Versicherten höchstens 40 Prozent der monatlichen Bezugsgröße (§ 18 SGB IV), so werden grundsätzlich 100 Prozent des Kaufpreises (= Bemessungsbetrag) – bis zum Höchstbetrag von 18 000,00 DM – als Kfz-Hilfe geleistet. Bei einem Nettoeinkommen von über 75 Prozent der Bezugsgröße entfällt der Zuschuß zum Kraftfahrzeug. Bei Einkünften unterhalb der schädlichen Verdienstgrenze beträgt der Zuschuß je nach Einkommenshöhe zwischen 100 und 16 Prozent des Kaufpreises (§ 6 KfzHV).

Einkommensabhängigkeit

Für die Ermittlung der auf den Kaufpreis (also den Bemessungsbetrag) bezogenen Zuschußhöhe sind acht verschiedene Einkommensstufen maßgebend. Sie werden durch einen fest bestimmten Prozentsatz der monatlichen Bezugsgröße (§ 18 SGB IV) ausgedrückt (vgl. Tabelle 2). Die Bezugsgröße für 1993 beträgt 3 710,00 DM monatlich (alte Bundesländer).

Einkommensstufen

Tabelle 2: Höhe des einkommensabhängigen Zuschusses zur Beschaffung eines Kraftfahrzeugs bei einem Kaufpreis von mindestens 18 000 DM (in den alten Bundesländern)

Nettoeinkommen (monatlich) 1993	Zuschuß zum Kraftfahrzeug (in Prozent des Bemessungsbetrages = 18 000 DM)
bis 40 Prozent Bezugsgröße = 1 490,00 DM	100 Prozent = 18 000,00 DM
bis 45 Prozent Bezugsgröße = 1 670,00 DM	88 Prozent = 15 840,00 DM
bis 50 Prozent Bezugsgröße = 1 860,00 DM	76 Prozent = 13 680,00 DM
bis 55 Prozent Bezugsgröße = 2 050,00 DM	64 Prozent = 11 520,00 DM
bis 60 Prozent Bezugsgröße = 2 230,00 DM	52 Prozent = 9 360,00 DM
bis 65 Prozent Bezugsgröße = 2 420,00 DM	40 Prozent = 7 200,00 DM
bis 70 Prozent Bezugsgröße = 2 600,00 DM	28 Prozent = 5 040,00 DM
bis 75 Prozent Bezugsgröße = 2 790,00 DM	16 Prozent = 2 880,00 DM

Bei abhängig Beschäftigten, Arbeitern und Angestellten, ist das Nettoeinkommen des letzten vor der Antragstellung abgerechneten Entgeltabrechnungszeitraums (mindestens vier Wochen) maßgebend. Das Einkommen des Versicherten vermindert sich gegebenenfalls noch um Familienabschläge für unterhaltene Familienangehörige (§ 6 Abs. 2 KfzHV).

Nettoeinkommen

Liegt der Kaufpreis des Kraftfahrzeugs unter 18 000,00 DM, läßt sich die Zuschußhöhe nicht aus der Tabelle 2 ablesen. Er beträgt dann – auf volle zehn DM aufgerundet – zwischen 100 und 16 Prozent des niedrigeren Kaufpreises.

Beispiele:

a) Nettoeinkommen (1993) 2 500,00 DM monatlich,
Kaufpreis des Kraftfahrzeugs 20 000,00 DM,
Zuschuß: 28 Prozent des Bemessungsbetrages (18 000,00 DM)
= 5 040,00 DM.

b) Nettoeinkommen (1993) 1 700,00 DM monatlich,
Kaufpreis des Kraftfahrzeugs 11 050,00 DM,
Zuschuß: 76 Prozent des Bemessungsbetrages (11 050,00 DM)
= 8 400,00 DM (auf volle zehn DM aufgerundet).

Zusatzausstattung

Zur Kfz-Hilfe wird auch die behinderungsbedingte Zusatzausstattung des Fahrzeugs gerechnet. Die notwendigen Kosten werden in voller Höhe übernommen.

Führerschein

Zu den Kosten, die für die Erlangung eines Führerscheins (Fahrerlaubnis) anfallen, wird ein einkommensabhängiger Zuschuß gezahlt. Er umfaßt bei einem Nettoeinkommen

- bis 40 Prozent der Bezugsgröße (monatlich) die volle Höhe der Kosten,
- bis 55 Prozent der Bezugsgröße (monatlich) zwei Drittel der Kosten,
- bis 75 Prozent der Bezugsgröße (monatlich) ein Drittel der Kosten.

4.2.2 Berufsvorbereitung

Diese Leistung zur beruflichen Rehabilitation ist für Versicherte vorgesehen, die sich – bedingt durch ihre Behinderung – beruflich neu orientieren müssen.

Grundkenntnisse

Förderungslehrgänge

Als Berufsvorbereitung kommen Leistungen in Betracht, die dem Betreuten die für die Aufnahme einer Berufsausbildung noch fehlenden Grundkenntnisse vermitteln. Die Dauer dieser Leistungen ist in die für die berufliche Umschulung oder Fortbildung festgelegte Frist von grundsätzlich zwei Jahren (§ 19 Abs. 1 SGB VI) nicht mit einzubeziehen. Zur Berufsvorbereitung gehören die berufsbezogenen Förderungslehrgänge, Lehrgänge zur Verbesserung der Eingliederungsmöglichkeiten und Grundausbildungslehrgänge, zum Beispiel Blindengrundausbildung.

4.2.3 Berufliche Anpassung, Fortbildung, Ausbildung und Umschulung

Eingliederungshilfe

Mit den berufsfördernden Leistungen wird fast jede erdenkliche Eingliederungshilfe in Form von Wissensvermittlung und beruflicher Bildung möglich, sofern sie zur dauerhaften Eingliederung ins Berufsleben erforderlich ist. Berufliche Umschulung und Fortbildung sollen grundsätzlich bei Ganztagsunterricht nicht länger als zwei Jahre dauern (§ 19 Abs. 1 SGB VI).

Berufliche Anpassung

Berufliche Anpassung ist Vermittlung von Kenntnissen, Fertigkeiten und Erfahrungen, um:

- eingetretene Lücken im beruflichen Wissen zu schließen,
- berufliches Wissen wiederzuerlangen bzw. den technischen, wirtschaftlichen und gesellschaftlichen Erfordernissen und deren Entwicklung anzupassen oder
- eine andere Tätigkeit im erlernten Beruf auszuüben.

Auf diese Weise kann der Versicherte, der wegen seiner Behinderung vorübergehend aus dem Berufsleben ausgeschieden ist und so die berufliche und technische Entwicklung nicht selbst miterlebt hat, seine Kenntnisse und Fähigkeiten der fortgeschrittenen Entwicklung anpassen. Damit wird eine dauerhafte Wiedereingliederung ins Erwerbsleben möglich.

Fortbildung

Die berufliche Fortbildung baut auf bereits vorhandenes Wissen und den bisherigen Beruf auf. Ihr Ziel ist insbesondere, berufliche Kenntnisse und Fertigkeiten zu erweitern oder einen beruflichen Aufstieg zu ermöglichen, falls dieser für die dauerhafte Eingliederung des Behinderten ins Erwerbsleben notwendig ist. Daß berufsfördernde Leistungen zur Rehabilitation auch für den beruflichen Aufstieg in Frage kommen, ist ausdrücklich in § 16 Abs. 2 SGB VI festgelegt.

Ausbildung

Die berufliche Ausbildung ist für Behinderte vorgesehen, die bisher keine Tätigkeit in einem erlernten Beruf ausgeübt haben. Berufsfördernde Leistungen dieser Art sind insbesondere: die betriebliche Ausbildung (zum Beispiel Lehrverhältnis) und die überbetriebliche Ausbildung (zum Beispiel in Berufsförderungswerken, Fachschulen). Es gibt auch Mischformen zwischen beiden Ausbildungsarten.

Umschulung

Die berufliche Umschulung bildet den Schwerpunkt der berufsfördernden Leistungen in der Rentenversicherung. Sie ist für Versicherte vorgesehen, die wegen ihrer Behinderung nicht mehr ihrem bisherigen Beruf nachgehen können. Ihnen werden Kenntnisse, Fähigkeiten und Fertigkeiten vermittelt, die einen Übergang in eine andere behinderungsgerechte berufliche Tätigkeit mit neuen Arbeitsinhalten ermöglichten. Die Umschulung soll mit einem qualifizierenden Abschluß enden.

4.2.4 Arbeits- und Berufsförderung in anerkannten Werkstätten für Behinderte

Die berufsfördernden Leistungen umfassen hier die Arbeits- und Berufsförderung im Eingangsverfahren und im Arbeitstrainigsbereich einer anerkannten Werkstatt für Behinderte. Die näheren Voraussetzungen sind (§ 18 SGB VI):

Eingangsverfahren

- Im Eingangsverfahren müssen die berufsfördernden Leistungen erforderlich sein, um die Eignung des Versicherten für die Aufnahme in die Werkstatt festzustellen.

Arbeitstrainingsbereich

- Im Arbeitstrainingsbereich müssen die berufsfördernden Leistungen erforderlich sein, um den Versicherten zu befähigen, die Erwerbsfähigkeit zu erhöhen oder wiederzugewinnen. Außerdem muß zu erwarten sein, daß danach ein Mindestmaß an wirtschaftlich verwertbarer Arbeitsleistung erbracht wird im Sinne des § 54 Abs. 3 SchwbG).

Leistungen in einer Werkstatt für Behinderte werden insgesamt bis zu zwei Jahren erbracht (§ 19 Abs. 2 SGB VI).

4.3 Auswahlverfahren

Bei der Auswahl der berufsfördernden Leistungen sind Eignung, Neigung und bisherige Tätigkeit angemessen zu berücksichtigen. Das Auswahlverfahren schließt eine eventuell erforderliche Berufsfindung oder Arbeitserprobung mit ein (§ 16 Abs. 2 SGB VI). Die beiden letztgenannten Aufgaben gehören nicht zu den berufsfördernden Leistungen. Sie ergänzen lediglich das Einleitungsverfahren (Verwaltungsverfahren) im Rahmen der anstehenden beruflichen Gesamtrehabilitation. Das bedeutet, hierauf aufbauend werden in der Regel auf einen bestimmten Beruf ausgerichtete berufsfördernde Rehabilitationsleistungen bewilligt. Berufsfindung und Arbeitserprobung dienen somit der Feststellung, welche weiteren Wege zur beruflichen Eingliederung am geeignetsten sind.

Berufsfindung

Die Berufsfindung hat die Aufgabe, das Leistungsvermögen des Betreuten, seine Eignung und Neigung sowie behinderungsbedingte Auswirkungen auf die spätere berufliche Tätigkeit zu klären und zu beurteilen.

Arbeitserprobung

Die Arbeitserprobung hat zum Ziel, bei weitgehend geklärter Eignung für einen anderen Beruf Zweifelsfragen hinsichtlich bestimmter Ausbildungs- bzw. Arbeitsplatzanforderungen zu lösen.

Eingliederungsvorschlag

In das Verfahren zur Feststellung der berufsfördernden Leistungen wird auch die Bundesanstalt für Arbeit (Arbeitsämter) mit einbezogen, die dem Rentenversicherungsträger einen beruflichen Eingliederungsvorschlag unterbreitet (§ 5 Abs. 4 bis 6 RehaAnglG).

Zusammenfassung:

Die Rentenversicherungsträger erbringen berufsfördernde Leistungen zur Rehabilitation, wenn diese aus gesundheitlichen Gründen zur dauerhaften Eingliederung erforderlich sind. Die berufsfördernden Leistungen verbessern nicht den Gesundheitszustand, sondern befähigen auf nichtmedizinische Weise, eine Berufstätigkeit auszuüben.

Die berufliche Rehabilitation setzt sich aus verschiedenen berufsfördernden Einzelleistungen zusammen, zum Beispiel: Leistungen zur Erhaltung oder Erlangung eines Arbeitsplatzes (insbesondere Kfz-Hilfe), Berufsvorbereitung, Umschulungen sowie Arbeitsförderung in anerkannten Behindertenwerkstätten. Eignung, Neigung und bisherige Tätigkeiten sind bei der Auswahl der geeigneten berufsfördernden Leistungen zu berücksichtigen. In das Auswahlverfahren einbezogen werden Berufsfindung und Arbeitserprobung (beides keine berufsfördernden Leistungen, sondern Verwaltungsmaßnahmen), mit denen Leistungsvermögen und Arbeitsplatzanforderungen abgeklärt werden.

Aufgaben zur Selbstüberprüfung:

18. Erklären Sie den Unterschied zwischen berufsfördernden Leistungen und medizinischen Leistungen zur Rehabilitation.

19. Zählen Sie die wichtigsten berufsfördernden Einzelleistungen auf.

20. Nennen Sie die beiden Kriterien, die – neben der Bezugsgröße – bei der Kfz-Hilfe für die Höhe des Zuschusses zum Kraftfahrzeug maßgebend sind.

21. Ermitteln Sie die Höhe des Zuschusses zum Kraftfahrzeug, der als Kfz-Hilfe in den alten Bundesländern zu leisten ist.

    Sachverhalt:

    Maßgebendes monatliches Nettoeinkommen im Jahr 1993 : 1 900,00 DM,
    Kaufpreis des Kraftfahrzeuges (ohne Zusatzausstattung): 25 000,00 DM.

22. Erklären Sie den Begriff „Umschulung".

5. Zuständigkeitsregelungen

Lernziel:

Sie können feststellen, welcher Rehabilitationsträger außerhalb und innerhalb der Rentenversicherung zuständig ist.

5.1 Zuständigkeitsabgrenzung der Rentenversicherungsträger gegenüber anderen Rehabilitationsträgern

Behinderungsursache

Die Zuständigkeit eines Rehabilitationsträgers richtet sich entsprechend dem gegliederten System der Rehabilitation nach den für ihn geltendenen Vorschriften (§ 6 Abs. 1 RehaAnglG). Danach wird die Zuständigkeit durch die jeweiligen Ursachen der Behinderung, der Zugehörigkeit zu einem bestimmten Personenkreis, zum Beispiel Versicherter der Rentenversicherung, oder durch Vor- bzw. Nachrangigkeit einzelner Träger bestimmt.

5.1.1 Zuständigkeitsabgrenzung gegenüber der Krankenversicherung

Stationäre Leistungen

Für **stationäre medizinische Leistungen zur Rehabilitation** sind vorrangig die Träger der **Rentenversicherung** gegenüber den Krankenkassen **zuständig** (§§ 9, 15 SGB VI in Verbindung mit § 40 SGB V). Die Träger der Krankenversicherung können derartige Leistungen nur erbringen, wenn die persönlichen oder versicherungsrechtlichen Voraussetzungen in der Rentenversicherung nicht erfüllt sind (zum Beispiel nicht rentenversichert) oder Ausschlußgründe vorliegen (zum Beispiel Beamter).

Ambulante Leistungen

Für **ambulante Rehabilitationsleistungen** ist vorrangig die **Krankenversicherung zuständig**, weil in der Rentenversicherung nach dem Gesetz vor allem stationäre Leistungen erbracht werden (§ 15 Abs. 2 SGB VI). Nur in eingeschränktem Maße werden aus der Rentenversicherung im medizinischen Bereich ambulante Leistungen erbracht oder übernommen. Diese Ausnahmefälle betreffen hauptsächliche die Nachsorge, vor allem bei Suchtkranken und beim ambulanten Rehabilitationssport (als ergänzende Leistung).

Weitere Zuständigkeitsabgrenzungen zwischen Trägern der Renten- und Krankenversicherung ergeben sich aus § 13 Abs. 2 SGB VI:

Akutbehandlung

Interkurrente Erkrankungen

- Grundsätzlich werden aus der Rentenversicherung keine medizinischen Rehabilitationsleistungen in der Phase der akuten Behandlungsbedürftigkeit einer Krankheit erbracht. Lediglich während der stationären Heilbehandlung auftretende akute Zwischenerkrankungen, sogenannte interkurrente Erkrankungen, werden seitens der Rentenversicherung mitbehandelt, falls dies ohne Verlegung möglich ist. Für ambulante Krankenbehandlung (§ 27 SGB V) und Krankenhausbehandlung (§ 39 SGB V) ist – in Abgrenzung der Rehabilitationsleistungen der Rentenversicherung – die Krankenversicherung zuständig.

- Ebenfalls keine medizinischen Rehabilitationsleistungen sind aus der Rentenversicherung anstelle sonst erforderlicher Krankenhausbehandlung zu erbringen.

Diese grundsätzlichen Abgrenzungskriterien werden auch im Zusammenhang mit dem Verfahren zur Durchführung der Anschlußheilbehandlung (AHB) und bei der Behandlung von Suchtkranken beachtet.

5.1.2 Zuständigkeitsabgrenzung gegenüber der Unfallversicherung

Arbeitsunfälle

Bei Arbeitsunfällen, einschließlich Wegeunfällen und Berufskrankheiten, sind die erforderlichen medizinischen und berufsfördernden Leistungen zur Rehabilitation (Heilbehandlung, Berufshilfe) vorrangig von den Trägern der gesetzlichen Unfallversicherung – in der Regel also von den Berufsgenossenschaften – zu erbringen (§ 556 RVO). Dementsprechend sind Rehabilitationsleistungen aus der Rentenversicherung nicht erlaubt, wenn der Versicherte aufgrund der Unfallschädigung gleichartige Leistungen von einem Träger der Unfallversicherung erhalten kann (§ 12 Abs. 1 Nr. 1 SGB VI).

Leistungsausschluß

5.1.3 Zuständigkeitsabgrenzung gegenüber der Arbeitslosenversicherung

Berufsfördernde Leistungen

Die Bundesanstalt für Arbeit (Arbeitsämter) als Träger der Arbeitslosenversicherung und Arbeitsförderung darf berufsfördernde Leistungen zur Rehabilitation nur erbringen, sofern nicht ein anderer Rehabilitationsträger zuständig ist (§ 57 AFG). Somit ist die Bundesanstalt für Arbeit gegenüber den Rentenversicherungsträgern nachrangig zuständig.

Vorrang Rentenversicherung

Die Vorrangigkeit der Rentenversicherungsträger führt jedoch nicht zwangsläufig dazu, daß diese in jedem Fall vor der Bundesanstalt für Arbeit berufsfördernde Leistungen durchzuführen haben. Sollten die persönlichen Voraussetzungen (§ 10 SGB VI) oder die erschwerten versicherungsrechtlichen Voraussetzungen (§ 11 SGB VI) der Rentenversicherung nicht erfüllt sein, stellt sich für diesen Bereich die Frage der Leistungserbringung überhaupt nicht. Zuständig ist dann – trotz „Nachrangigkeit" – die Bundesanstalt für Arbeit.

5.1.4 Zuständigkeitsabgrenzung gegenüber der Altershilfe für Landwirte

Vorrang Rentenversicherung

Bei Personen, die sowohl in der Rentenversicherung als auch in der Altershilfe für Landwirte versichert sind, ist grundsätzliche der Träger der Rentenversicherung vorrangig für die Durchführung der medizinischen und berufsfördernden Leistungen zur Rehabilitation zuständig (§ 6 GAL). Sofern zuletzt Beiträge – insbesondere Pflichtbeiträge – zur Altershilfe für Landwirte gezahlt wurden, kommt jedoch eine Zuständigkeit der landwirtschaftlichen Alterskassen für die Rehabilitation in Betracht.

Vereinbarung

Im einzelnen sind die sehr differenzierten Zuständigkeitsabgrenzungen zwischen Rentenversicherung und Altershilfe für Landwirte in der Vereinbarung zwischen dem VDR und dem Gesamtverband der landwirtschaftlichen Alterskassen vom 1. 10. 1988 geregelt.

5.1.5 Zuständigkeitsabgrenzung gegenüber der Kriegsopferversorgung und entsprechenden Bereichen des sozialen Entschädigungsrechts

Soziales Entschädigungsrecht

Bei Gesundheitsschäden im Sinne des sozialen Entschädigungsrechts (dem Bereich der Sozialversorgung zugeordnet) sind die erforderlichen medizinischen und berufsfördernden Leistungen zur Rehabilitation vorrangig von den Trägern der Kriegsopferversorgung (Versorgungsämter) bzw. den sonstigen sozialen Versorgungsverwaltungen zu erbringen (§§ 1, 10, 11, 26 ff. BVG). Die Zuständigkeit dieser Versorgungsverwaltungen ist nicht auf kriegsbedingte Versorgungsschäden nach dem Bundesversorgungsgesetz (BVG) beschränkt. Denn im Laufe der Zeit nach dem zweiten Weltkrieg ist dieses Gesetz durch verschiedene andere Gesetze für entsprechend anwendbar erklärt worden. Deshalb werden bei benötigten Rehabilitationsleistungen insbesondere folgende Personengruppen vom sozialen Entschädigungs- bzw. Versorgungsrecht erfaßt:

Personenkreis

- Deutsche bei Gesundheitsschäden, die durch militärischen oder militärähnlichen Dienst (zum Beispiel Soldat im zweiten Weltkrieg), durch Kriegseinwirkung (zum Beispiel Bomben), Kriegsgefangenschaft oder Internierung entstanden sind (BVG),
- Soldaten der Bundeswehr bei Wehrdienstbeschädigung (Soldatenversorgungsgesetz - SVG),
- Zivildienstleistende bei Zivildienstbeschädigung (Zivildienstgesetz – ZDG),
- politische Häftlinge der ehemaligen DDR bei Haftschäden (Häftlingshilfegesetz – HHG),
- Impfgeschädigte (Bundes-Seuchengesetz – BSeuchG),
- Opfer von Gewalttaten bei hierdurch erlittenen Gesundheitsschäden (Gesetz über die Entschädigung für Opfer von Gewalttaten – OEG).

Leistungsausschluß

Dementsprechend sind Rehabilitationsleistungen aus der Rentenversicherung nicht erlaubt, wenn der Versicherte aufgrund einer Schädigung im Sinne des sozialen Entschädigungsrechts gleichartige Leistungen von einem Träger der Entschädigungs- bzw. Versorgungsverwaltung erhalten kann (§ 12 Abs. 1 Nr. 1 SGB VI).

5.2 Zuständigkeitsabgrenzungen innerhalb der Rentenversicherung

Einheitliche Zuständigkeitsregelung

Seit dem 1. 1. 1992 richtet sich die Zuständigkeit der Rentenversicherungsträger untereinander im Rehabilitationsrecht ausschließlich nach den §§ 125 bis 142 SGB VI. Das Reha-Abkommen RV vom 1. 8. 1975 ist nicht mehr anzuwenden. Damit sind die gleichen Zuständigkeitsregelungen wie im Rentenrecht zu beachten. Aus diesem Grunde läßt sich folgende Grundregel aufstellen:

Zuständig ist der Rentenversicherungsträger, an den der letzte wirksame Pflichtbeitrag vor Antragstellung gezahlt wurde. Bei ausschließlich freiwilliger Versicherung richtet sich die Zuständigkeit nach dem letzten freiwilligen Beitrag.

Letzter Pflichtbeitrag

Von der Grundregel abweichend, gibt es einige Sonderzuständigkeiten. Nachfolgend sind die wichtigsten Zuständigkeitsabgrenzungen im Überblick dargestellt.

5.2.1 Zuständigkeitsabgrenzung der Landesversicherungsanstalten untereinander

Örtliche Zuständigkeit

Die örtliche Zuständigkeit der einzelnen Landesversicherungsanstalten richtet sich grundsätzlich nach dem Wohnsitz oder gewöhnlichen Aufenthalt im Zeitpunkt der Antragstellung (§ 130 SGB VI). Zuständig ist also die Wohnsitz-LVA.

5.2.2 Zuständigkeitsabgrenzung zwischen Landesversicherungsanstalten und Bundesversicherungsanstalt für Angestellte

Letzter Pflichtbeitrag

Die Zuständigkeit richtet sich – entsprechend der Grundregel – nach dem letzten wirksamen Pflichtbeitrag (bzw. freiwilligen Beitrag bei ausschließlich freiwilliger Versicherung) vor dem Rehabilitationsantrag (§ 126 Abs. 1 SGB VI). Für Rehabilitationsleistungen an Hinterbliebene ist der Versicherungsträger zuständig, an den zuletzt Beiträge für den Verstorbenen gezahlt worden sind (§ 126 Abs. 2 SGB VI). Können Leistungen zur Rehabilitation sowohl aus eigener Versicherung als auch aufgrund der Hinterbliebeneneigenschaft, zum Beispiel Witwe, beantragt werden, geht die Zuständigkeit aus eigener Versicherung vor.

5.2.3 Zuständigkeitsabgrenzung der Landesversicherungsanstalten bzw. Bundesversicherungsanstalt für Angestellte gegenüber der Bundesknappschaft

Knappschaftsbeitrag

Die Bundesknappschaft ist zuständig, wenn entweder – entsprechend der Grundregel – der letzte Pflichtbeitrag vor Antragstellung zur knappschaftlichen Rentenversicherung entrichtet (§ 126 SGB VI) oder dort die allgemeine Wartezeit von fünf Jahren zurückgelegt wurde (Sonderzuständigkeit nach § 140 SGB VI).

5.2.4 Sonderzuständigkeit der Seekasse

Seekassenbeitrag

Als Träger der Arbeiterrentenversicherung ist die Seekasse zunächst einmal – entsprechend der Grundregel – für Rehabilitationsleistungen zuständig, wenn der letzte Pflichtbeitrag als Arbeiter vor Antragstellung an sie gezahlt wurde (§ 126 SGB VI). Eine Sonderzuständigkeit der Seekasse besteht anstelle der sonst zuständigen Landesversicherungsanstalt, wenn insgesamt für fünf Jahre Seekassenbeiträge als Arbeiter oder Angestellter vorliegen (§ 131 SGB VI). Die Zuständigkeit der Bundesbahn-Versicherungsanstalt oder Bundesknappschaft bleibt dagegen erhalten, auch wenn für fünf Jahre Seekassenbeiträge vorhanden sind. Eine weitere Sonderzuständigkeit der Seekasse besteht anstelle der sonst zuständigen Bundesversicherungsanstalt für Angestellte, falls – irgendwann – ein Seekassenbeitrag als Arbeiter oder Angestellter geleistet wurde (§ 135 Abs. 2 SGB VI).

5.2.5 Sonderzuständigkeit der Bundesbahn-Versicherungsanstalt

Bundesbahn-beschäftigte

Als Träger der Arbeiterrentenversicherung ist die Bundesbahn-Versicherungsanstalt zunächst einmal – entsprechend der Grundregel – zuständig, wenn der letzte Pflichtbeitrag als Arbeiter vor Antragstellung an sie entrichtet wurde (§ 126 SGB VI). Als Sonderregelung ist die Bundesbahn-Versicherungsanstalt aber auch dann für die Rehabilitation zuständig, wenn zuletzt Beiträge als Angestellter aufgrund einer Beschäftigung bei der Bundesbahn (oder einer gleichgestellten Stelle) gezahlt worden sind (§ 135 Abs. 4 SGB VI). Die Zuständigkeit der Bundesknappschaft oder Seekasse hat gegenüber dieser Sonderzuständigkeit Vorrang.

5.3 Vorleistungspflicht bei ungeklärter Zuständigkeit

Unverzüglichkeit

Notwendige Leistungen zur Rehabilitation sollen nicht durch ungeklärte Zuständigkeiten unnötig verzögert werden. Deshalb ist bei ungeklärter Zuständigkeit zwischen mindestens zwei Rehabilitationsträgern im Sinne des RehaAnglG und auch in den Fällen, in denen die unverzügliche Einleitung der erforderlichen medizinischen oder berufsfördernden Leistungen aus anderen Gründen (zum Beipiel Vollbelegung der Einrichtungen) gefährdet ist, die Vorleistungspflicht bestimmter Rehabilitationsträger vorgeschrieben (§ 6 Abs. 2 RehaAnglG). Eventuelle Kompetenzstreitigkeiten werden damit nicht auf dem Rücken des Behinderten ausgetragen.

Ungeklärte Zuständigkeit

Von einer ungeklärten Zuständigkeit im Sinne der Regelungen über die Vorleistungspflicht ist nur auszugehen, wenn zwei Rehabilitationsträger ihre Zuständigkeit wegen ihrer Meinung nach bestehender Nachrangigkeit verneinen. Es muß aber unzweifelhaft sein, daß einer dieser Träger die Leistungen zu erbringen hat.

Die Vorleistungspflicht ist dann so geregelt:

Medizinische Leistungen

- Bei medizinischen Leistungen ist aufgrund der besonderen Erfahrung und Sachkompetenz der Rentenversicherungsträger vorleistungspflichtig, bei dem der Betreffende zuletzt (irgendwann) versichert war. Wurden bislang keine Beiträge zur Rentenversicherung gezahlt, ist die Wohnsitz-LVA vorleistungspflichtig.

- Bei berufsfördernden Leistungen ist aufgrund der besonderen Erfahrung und Sachkompetenz die Bundesanstalt für Arbeit vorleistungspflichtig.

Berufsfördernde Leistungen

Diese Vorleistungsregelungen (aus § 6 Abs. 2 RehaAnglG) sind spezielles Rehabilitationsrecht und gehen der Allgemeinbestimmung des § 43 Abs. 1 SGB I vor. Es ist also ohne Bedeutung, bei wem der Rehabilitationsantrag zuerst gestellt wurde.

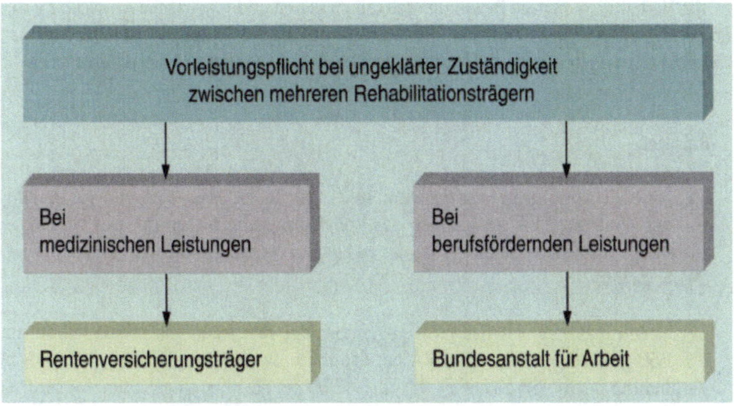

Abbildung 10: Vorleistungspflicht im Rehabilitationsrecht bei ungeklärter Zuständigkeit (§ 6 Abs. 2 RehaAnglG)

Ist zweifelhaft, ob eine Leistung der medizinischen oder beruflichen Rehabilitation zuzuordnen ist (zum Beispiel im Bereich der Hilfsmittel/technischen Arbeitshilfen), so ist der Rentenversicherungsträger vorleistungspflichtig (§ 4 Gesamtvereinbarung über die Vorleistung).

Sechswochenfrist

Der vorleistungspflichtige Rehabilitationsträger muß innerhalb von sechs Wochen nach Kenntnis der Tatsachen tätig werden und die erforderlichen Leistungen gewissenhaft erbringen. Der tatsächlich zuständige Rehabilitationsträger hat dem vorleistungspflichtigen Rehabilitationsträger die entstandenen Kosten nach § 102 SGB X zu erstatten (vgl. hierzu Abschnitt 5.4).

Sozialhilfe

Sollte kein Rehabilitationsträger des RehaAnglG vorleistungspflichtig sein, hat gegebenenfalls der Träger der Sozialhilfe vorläufig Leistungen zu erbringen (§ 44 BSHG).

5.4 Erstattungsansprüche bei Vorleistungspflicht

Hat ein Rentenversicherungsträger bei medizinischen Leistungen eine Vorleistungspflicht (§ 6 Abs. 2 RehaAnglG), so entstehen für ihn Erstattungsansprüche. Der tatsächlich zuständige Rehabilitationsträger hat dem vorleistungspflichtigen Rentenversicherungsträger die vorläufigen Leistungen, das heißt die verauslagten Kosten, zu erstatten (§ 102 SGB X). Der Erstattungsanspruch entsteht nicht bei ungeklärten Zuständigkeiten zwischen zwei Rentenversicherungsträgern (Grund: unter anderem Finanzausgleich zwischen Arbeiterrenten- und Angestelltenversicherung gemäß § 218 SGB VI).

Erstattungshöhe

Die Erstattung erfolgt in der Höhe, in der der vorleistungspflichtige Rentenversicherungsträger nach seinen Vorschriften Leistungen verauslagte. Das gilt auch dann, wenn der zuständige Rehabilitationsträger geringere Kosten gehabt hätte.

Ausschlußfrist

Der Anspruch auf Erstattung muß vom vorleistungspflichtigen Träger binnen zwölf Monaten (nicht Kalendermonate) nach Ablauf des letzten Tages, für den die Leistungen erbracht wurden, geltend gemacht werden (§ 111 SGB X). Zweck dieser Ausschlußfrist ist es, die Verhältnisse für alle Beteiligten schnell zu klären und eine rasche Abwicklung des Erstattungsanspruchs zu erreichen. Ein Verzicht auf die Ausschlußfrist ist nicht möglich. Die Frist wird auch nicht durch bestimmte Tatbestände gehemmt oder unterbrochen.

Beispiel:

Medizinische Leistungen wurden vom 10. 11. bis 16. 12. 1992 (Kosten 5 400,00 DM) von der Wohnsitz-LVA im Rahmen der Vorleistungspflicht erbracht. Der tatsächlich zuständige Rehabilitationsträger ist die Berufsgenossenschaft (Kosten hätten 5 150,00 DM betragen).

Der Erstattungsanspruch der LVA gegenüber der Berufsgenossenschaft wurde am 2. 7. 1993 geltend gemacht. Die LVA hat damit die Zwölf-Monats-Frist (§ 26 SGB X in Verbindung mit §§ 187, 188 BGB), 17. 12. 1992 bis 16. 12. 1993, eingehalten. Der Antrag auf Erstattung ist fristgerecht gestellt. Es besteht somit ein Erstattungsanspruch in Höhe von 5 400,00 DM.

Zusammenfassung:

Das gegliederte Rehabilitationssystem erfordert Zuständigkeitsregelungen. Bei der Zuständigkeitsabgrenzung der Rentenversicherungsträger gegenüber den anderen Trägern bestimmen Ursache der Behinderung, Zugehörigkeit zu bestimmten Personenkreisen und Vor- bzw. Nachrangigkeit die Zuständigkeit.

Innerhalb der Rentenversicherung richtet sich die Zuständigkeit ausschließlich nach den Vorschriften des SGB VI (§§ 125 ff.). Grundsätzlich hat hiernach der Rentenversicherungsträger, an den der letzte wirksame Pflichtbeitrag vor Antragstellung gezahlt wurde, die Leistung zu erbringen. Sonderzuständigkeiten gibt es bei Bundesknappschaft, Seekasse und Bundesbahn-Versicherungsanstalt.

In Fällen ungeklärter Zuständigkeit kommt es zu einer Vorleistungspflicht. Bei medizinischen Leistungen ist ein Rentenversicherungsträger und bei berufsfördernden Leistungen die Bundesanstalt für Arbeit vorleistungspflichtig. Der zuständige Rehabilitationsträger hat dem vorleistungspflichtigen Träger die Kosten zu erstatten.

Aufgaben zur Selbstüberprüfung:

23. Stellen Sie fest, welcher Rehabilitationsträger in den nachfolgenden Fällen für die Leistung zuständig ist. Die persönlichen bzw. versicherungsrechtlichen Voraussetzungen sind erfüllt.

    a) Stationäre Heilbehandlung aufgrund eines Arbeitsunfalles,

    b) Akutbehandlung im Krankenhaus wegen Entgiftung,

    c) stationäre Heilbehandlung wegen Rheuma,

    d) Umschulung wegen Kreislauferkrankung.

24. Der Versicherte Otto Fux stellte am 15. 1. 1993 bei der Wohnsitz-LVA einen Rehabilitationsantrag. Er hat bis 31. 1. 1993 Pflichtbeiträge zur Arbeiterrentenversicherung und ab 1. 2. 1993 Pflichtbeiträge zur Angestelltenversicherung gezahlt.

    Stellen Sie fest, welcher Rentenversicherungsträger (LVA oder BfA) für die Rehabilitation zuständig ist (Entscheidung über die Leistungen im Juli 1993).

25. Der versicherungspflichtig beschäftigte Angestellte Franz Ochs hat beim Versorgungsamt medizinische und berufsfördernde Leistungen beantragt. Diese sind sowohl wegen eines Versorgungsschadens als auch wegen eines Arbeitsunfalles dringend erforderlich. Das Versorgungsamt ist der Meinung, daß die Leistungen vorrangig von der Berufsgenossenschaft zu erbringen sind. Die Berufsgenossenschaft ist gegenteiliger Ansicht und hält das Versorgungsamt für vorrangig zuständig.

    Stellen Sie fest, wer die Rehabilitationsleistungen zu erbringen hat.

6. Einleitung des Verfahrens

Lernziel:

Sie können das Verwaltungsverfahren von der Einleitung bis zum Abschluß (Entscheidung) erläutern.

6.1 Form der Einleitung

Verfahrensbeginn

Das Verfahren zur Feststellung der Rehabilitationsleistungen beginnt grundsätzlich auf Antrag. In bestimmten Fällen kann es auch von Amts wegen eingeleitet werden.

6.1.1 Einleitung auf Antrag

Antragsprinzip

In der Rentenversicherung gilt – im Gegensatz zur Unfallversicherung und Sozialhilfe – das Antragsprinzip (§ 19 SGB IV, § 115 Abs. 1 SGB VI). Das bedeutet, daß auch für Rehabilitationsleistungen grundsätzlich ein Antrag erforderlich ist. Der Antrag muß im voraus gestellt werden, damit der Rentenversicherungsträger seine Entscheidung über die zweckmäßigste Durchführung der Leistung sachgerecht treffen kann. Ein nachträglicher Antrag zur rückwirkenden Kostenübernahme (zum Beispiel der bereits durchgeführten Heilbehandlung oder des gekauften Kraftfahrzeugs) ist in der Regel nicht zulässig.

Willenserklärung

Als Antrag ist jede erkennbare Willenserklärung auf Leistungen des Versicherten anzusehen. Auch formlose Willenserklärungen, zum Beispiel mit einer Postkarte oder mündlich, sind wirksame Anträge. Die formlose Antragstellung ist beispielsweise bei der Durchführung von Anschlußheilbehandlungen, bei der Behandlung von Suchtkranken oder auch zur Fristwahrung von Bedeutung.

Antragsvordrucke

Um eine ordnungsgemäße Bearbeitung des Antrages sicherzustellen, sind trotzdem die von den Versicherungsträgern vorgesehenen Antragsvordrucke auszufüllen und zu unterschreiben. Nur auf diese Weise erhält der Rentenversicherungsträger sämtliche für die Entscheidung notwendigen Angaben. Sie sind erforderlich für die Feststellung, ob und welche Rehabilitationsleistungen im Einzelfall geeignet sind und gewährleisten eine Gleichbehandlung aller Versicherten.

Mitwirkungspflicht

Der Versicherte muß aufgrund seiner Mitwirkungspflichten alle Tatsachen angeben, die für die Rehabilitationsleistungen wichtig sind (§§ 60 ff. SGB I). Deshalb ist er verpflichtet, den Rehabilitationsantrag gewissenhaft und vollständig auszufüllen.

Ärztliche Bescheinigung

Dem Antrag soll eine Bescheinigung des behandelnden Arztes über die Art der Erkrankung sowie über die Notwendigkeit und Erfolgsaussicht der Rehabilitationsleistung beigefügt werden. Die Kosten für die Bescheinigung werden vom Versicherungsträger nicht übernommen.

Ein Versicherter kann auch gegen seinen Willen von anderen Leistungsträgern (zum Beispiel Krankenkasse, Arbeitsamt) unter Fristsetzung zur Stellung des Rehabilitationsantrages beim Rentenversicherungsträger aufgefordert werden. Läßt der Versicherte die Frist verstreichen, werden die von dort bezogenen Barleistungen, zum Beispiel Krankengeld oder Arbeitslosengeld, eingestellt.

Antragsaufforderung

Der Rehabilitationsantrag ist an dem Tag rechtswirksam gestellt, an dem er bei einer zur Entgegennahme berechtigten Stelle eingeht. Der Antrag kann bei folgenden Stellen eingereicht werden (§ 16 SGB I, § 93 Abs. 2 SGB IV):

Eingangsdatum

- Rentenversicherungsträger (einschließlich ihrer Geschäftsstellen, Auskunfts- und Beratungsstellen),
- alle sonstigen (unzuständigen) Leistungsträger im Sinne des Sozialgesetzbuches (zum Beispiel Krankenkassen, Arbeitsämter, Sozialhilfeträger),
- Gemeindeverwaltungen (einschließlich ihrer Krankenhäuser),
- deutsche Auslandsvertretungen (zum Beispiel Botschaften, Konsulate, Handelsvertretungen),
- Versicherungsämter.

Antragsbehörden

Werden bei unzuständigen Stellen Anträge auf Einleitung des Rehabilitationsverfahrens gestellt, so werden sie unverzüglich an den zuständigen Träger weitergeleitet (§ 4 Abs. 2 RehaAnglG). Zweckmäßig im Interesse einer schnellen Bearbeitung ist es, den Antrag gleich an den zuständigen Rehabilitationsträger zu richten.

Zur wirksamen Antragstellung sind nicht nur Versicherte berechtigt, die nach dem bürgerlichen Recht volljährig und damit geschäftsfähig sind. Auch Minderjährige, die handlungsfähig sind, können den Antrag für sich stellen (§ 11 Abs. 1 SGB X). Handlungsfähigkeit besteht – soweit diese nicht vom gesetzlichen Vertreter eingeschränkt ist – nach Vollendung des 15. Lebensjahres (§ 36 SGB I). Ferner sind zur Antragstellung berechtigt: gesetzliche Vertreter, Bevollmächtigte und Betreuer (im Sinne des Betreuungsgesetzes).

Antragsberechtigte

6.1.2 Einleitung von Amts wegen

Rehabilitationsleistungen können in bestimmten Fällen aus der Rentenversicherung auch von Amts wegen erbracht werden. „Von Amts wegen" bedeutet, daß der Rentenversicherungsträger von sich aus tätig wird, obwohl kein Antrag des Betroffenen vorliegt. Dennoch darf niemand zur Rehabilitation gezwungen werden. Deshalb gibt es die Leistungen von Amts wegen nur, wenn der Versicherte ihnen zustimmt. Diese Zustimmung gilt dann als Antrag auf Rehabilitation (§ 115 Abs. 4 SGB VI). Damit wird letztlich auch hier das Antragsprinzip gewahrt.

Die Notwendigkeit der Zustimmung zur angebotenen Rehabilitationsleistung gilt generell, und zwar unabhängig davon, ob das Verfahren von Amts wegen oder auf Antrag eingeleitet wurde. Im letzteren Fall braucht der Versicherte nicht zusätzlich eine förmliche Zustimmungserklärung abzugeben. Denn der Antrag beinhaltet grundsätzlich die Zustimmung zur begehrten Leistung. Auch durch schlüssiges Handeln, zum Beispiel Annahme der Rehabilitationsleistung, Anreise zum Kurort, ist eine Zustimmung sichtbar geworden und erteilt.

Notwendigkeit der Zustimmung

In folgenden Fällen kann das verwaltungsmäßige Rehabilitationsverfahren von Amts wegen eingeleitet werden:

- der Rentenversicherungsträger erkennt im Zuge des Rentenverfahrens, daß Rehabilitationsleistungen notwendig sind,
- andere Rehabilitationsträger machen dem zuständigen Rentenversicherungsträger Mitteilung, daß Rehabilitationsleistungen angezeigt sind,
- bei Anschlußheilbehandlung (AHB),
- bei Suchtbehandlung.

Rentenanträge

Besondere Bedeutung haben in diesem Zusammenhang die Fälle, in denen Anträge auf Renten wegen verminderter Erwerbsfähigkeit gestellt sind. Vor Entscheidung über den Rentenantrag prüft der Rentenversicherungsträger, ob Leistungen zur Rehabilitation voraussichtlich erfolgreich sind. Werden zunächst – also vor Rentenbewilligung – Rehabilitationsleistungen erbracht, besteht während dieser Leistungen neben einem Anspruch auf Übergangsgeld kein Rentenanspruch (§ 116 Abs. 1 SGB VI). Diese Regelung entspricht dem Prinzip „Rehabilitation vor Rente" (vgl. Abschnitt 9.1).

6.2 Besonderheiten bei beruflicher Rehabilitation

Bundesanstalt für Arbeit

Bei Anträgen auf berufsfördernde Leistungen hat der zuständige Rentenversicherungsträger vor Durchführung entsprechender Leistungen zunächst die Bundesanstalt für Arbeit am Verwaltungsverfahren zu beteiligen (§ 5 Abs. 4 RehaAnglG). Damit werden besondere Erfahrungen und Fachkompetenz dieses Trägers auf dem Gebiet der Arbeits- und Berufsförderung in die Entscheidung des Rentenversicherungsträgers einbezogen.

Die Bundesanstalt für Arbeit (Arbeitsamt) wird bereits bei der ersten Beratung des Behinderten beteiligt. Auf diese Weise können rechtzeitig Feststellungen über Notwendigkeit, Art und Umfang der berufsfördernden Rehabilitationsleistungen getroffen werden.

Eingliederungsvorschlag

Das örtliche Arbeitsamt erstellt dem Rentenversicherungsträger einen Eingliederungsvorschlag (§ 57 AFG). Dieser Vorschlag ist eine gutachtliche Äußerung, an die der Rentenversicherungsträger nicht automatisch gebunden ist. Regelmäßig wird der Rentenversicherungsträger dem Eingliederungsvorschlag aber folgen. Bei unterschiedlicher Auffassung kommt es unter Beteiligung des jeweiligen Landesarbeitsamtes zu einem Einigungsversuch (§ 5 Abs. 5 RehaAnglG). Abschließend entscheidet jedoch der zuständige Rentenversicherungsträger.

6.3 Durchführung und Abschluß des Verfahrens

Verwaltungsverfahren

Nach Einleitung des Verwaltungsverfahrens auf Antrag oder von Amts wegen prüft der Rentenversicherungsträger, ob die Anspruchsvoraussetzungen für Rehabilitationsleistungen vorliegen. Es werden die persönlichen (medizinischen) Voraussetzungen, die versicherungsrechtlichen Voraussetzungen und eventuelle Ausschlußgründe festgestellt (vgl. Kapitel 8). Zweckmäßigerweise werden zuerst die versicherungsrechtlichen Voraussetzungen und das Vorliegen von Ausschlußgründen geprüft. Sollte danach kein Anspruch bestehen, bleiben dem Versicherten unnötige ärztliche Untersuchungen erspart.

Sind alle Ermittlungen und Feststellungen im Verwaltungsverfahren abgeschlossen, entscheidet der Rentenversicherungsträger über die in Frage kommende Rehabilitation durch einen Verwaltungsakt (§§ 31 ff. SGB X). Da es um die Entscheidung über den Anspruch auf eine Leistung geht, ist die Schriftform erforderlich (§ 117 SGB VI). Diese Entscheidung ist ein Bescheid. Je nach Ausgang des Verfahrens wird zwischen Bewilligungsbescheid und Ablehnungsbescheid unterschieden.

Verwaltungsakt

Gegen den schriftlichen Bescheid kann als Rechtsbehelf Widerspruch eingelegt werden (§ 36 SGB X). Anschließend besteht die Möglichkeit einer Überprüfung der Entscheidung im sozialgerichtlichen Verfahren (gemäß Sozialgerichtsgesetz - SGG).

Widerspruch

Zusammenfassung:

Das verwaltungsmäßige Rehabilitationsverfahren wird auf Antrag oder von Amts wegen eingeleitet. Im letzteren Fall gilt die ohnehin notwendige Zustimmung des Versicherten als Antrag.

Bei berufsfördernden Leistungen wird die Bundesanstalt für Arbeit (Arbeitsamt) in das Verfahren des Rentenversicherungsträgers mit einbezogen. Während der Durchführung des Verwaltungsverfahrens stellt der zuständige Rentenversicherungsträger fest, ob die persönlichen und versicherungsrechtlichen Voraussetzungen vorliegen und eventuelle Ausschlußgründe bestehen.

Abgeschlossen wird das Verfahren durch die schriftliche Entscheidung des Versicherungsträgers. Diese Entscheidung ist ein Verwaltungsakt und heißt „Bescheid".

Aufgaben zur Selbstüberprüfung:

26. Nennen Sie die beiden Möglichkeiten, die für die Einleitung des Rehabilitationsverfahrens bestehen.

27. Erklären Sie den Begriff „Handlungsfähigkeit", und nennen Sie ihre Bedeutung für die Antragstellung.

28. Nennen Sie den Rehabilitationsträger, der bei berufsfördernden Leistungen des Rentenversicherungsträgers in das Verwaltungsverfahren mit einbezogen wird.

29. Wodurch wird das Verwaltungsverfahren über den Rehabilitationsantrag abgeschlossen, und weshalb bedarf die Entscheidung der Schriftform?

7. Mitwirkung des Leistungsberechtigten

Lernziel:

Sie können den Umfang der Mitwirkungspflicht des Leistungsberechtigten sowie die Rechtsfolgen fehlender Mitwirkung erläutern.

7.1 Umfang der Mitwirkungspflichten

Allgemeine Mitwirkungspflicht

Behinderte, die von einem Rehabilitationsträger Leistungen erhalten, sind gesetzlich verpflichtet, bei ihrer Durchführung nach Kräften mitzuwirken (§ 4 Abs. 1 RehaAnglG). Für die Rentenversicherung ist diese allgemeine Verpflichtung nochmals gesondert herausgestellt worden: Die Versicherten müssen an der Rehabilitation aktiv mitwirken (§ 9 Abs. 2 SGB VI).

Mit dieser Verpflichtung verdeutlicht der Gesetzgeber, daß das Ziel der Rehabilitation,

- Auswirkungen einer Krankheit oder Behinderung auf die Erwerbsfähigkeit entgegenzuwirken und
- ein vorzeitiges Ausscheiden aus dem Erwerbsleben zu verhindern oder die Wiedereingliederung zu ermöglichen,

nur durch aktive Partnerschaft erreicht werden kann. Für den Versicherten besteht diese Partnerschaft zunächt einmal darin, sich seiner Verantwortung für die eigene Gesundheit bewußt zu werden. Darüber hinaus bedeutet sie, daß der Versicherte mit seiner aktiven Teilnahme an der Rehabilitation die Bereitschaft übernimmt, die während der Heilbehandlung oder Berufsförderung gewonnenen Erkenntnisse - wenn nötig - in eine Verhaltensänderung (zum Beispiel weniger essen, nicht mehr rauchen) umzusetzen.

Einzelpflichten

Diese allgemeine Mitwirkungspflicht des Leistungsberechtigten ist im allgemeinen Teil des Sozialgesetzbuches durch Einzelpflichten präzisiert (§§ 60 ff. SGB I). Sie betreffen die Aufklärung des Sachverhalts und die (aktive) Teilnahme an Rehabilitationsverfahren.

Sozialstaatsprinzip

Grundgedanke der Mitwirkungspflicht ist, daß das Sozialstaatsprinzip nicht nur Ansprüche begründet, sondern auch soziale Verpflichtungen des einzelnen gegenüber der Allgemeinheit enthält. So ist mit dem Recht auf Sozialleistungen die grundsätzliche Pflicht zur Abwendung oder Minderung des „Schadens" verbunden, der die Leistungen begründet.

7.1.1 Aufklärung des Sachverhalts

Der Versicherte hat die Pflicht, im notwendigen Maße an der Aufklärung des Sachverhalts, der für die Feststellung der Rehabilitationsleistung erforderlich ist, mitzuwirken (§§ 60 bis 62 SGB I).

Auskunftspflicht

Deshalb muß der Betreffende alle Tatsachen wahrheitsgemäß angeben und Auskünften durch Dritte, zum Beispiel den Hausarzt oder den Arbeitgeber, zustimmen, die für die

Frage der Rehabilitation rechtserheblich sind (§ 60 SGB I). Erforderliche Beweismittel, zum Beispiel ärztliche Gutachten, Sozialberichte oder Röntgenbilder, sind zu benennen bzw. vorzulegen.

Persönliches Erscheinen

Sollte es im Einzelfall für die Entscheidung über die Rehabilitationsleistung erforderlich sein, hat der Versicherte auf Verlangen des Rentenversicherungsträgers persönlich zu erscheinen (§ 61 SGB I). Diese Aufforderung kann an den Versicherten ergehen, wenn es notwendig ist, den Antrag mündlich zu erörtern oder um bestimmte für die Entscheidung wichtige Maßnahmen einzuleiten.

Ärztliche Untersuchung

Soweit es für die Entscheidung über die Rehabilitationsleistung erforderlich ist, hat sich der Versicherte auf Verlangen des Rentenversicherungsträgers auch ärztlichen und psychologischen Untersuchungen zu unterziehen (§ 62 SGB VI). Diese können notwendig sein, um festzustellen, welche Leistungen überhaupt in Frage kommen oder ob eine Erfolgsaussicht der beantragten Leistungen besteht.

7.1.2 Teilnahme an Heilbehandlung oder Berufsförderung

Heilbehandlung

Die wichtigste Mitwirkungspflicht des Versicherten im Bereich der Rehabilitation bezieht sich auf seine Teilnahme an notwendiger Heilbehandlung oder Berufsförderung (§§ 63, 64 SGB I).

Der Versicherte soll sich einer Heilbehandlung, also medizinischen Leistungen, unterziehen, wenn zu erwarten ist, daß damit eine Besserung des Gesundheitszustandes herbeigeführt oder eine Verschlechterung verhindert wird (§ 63 SGB I). Diese Mitwirkungspflicht erschöpft sich nicht darin, daß der Betreffende die Leistungen passiv über sich ergehen läßt. Vielmehr muß er aktiv und nach Kräften am Rehabilitationserfolg mitarbeiten. Besondere Bedeutung erlangt die Pflicht zur Mitwirkung des Leistungsberechtigten, wenn dieser gar keine Rehabilitationsleistungen beantragt hat, sondern ihm solche im Zuge des Rentenverfahrens angeboten werden.

Wünsche berücksichtigen

Angemessenen Wünschen des Versicherten, zum Beispiel bestimmter Kurort oder Ausklammerung bestimmter Zeiten, soll der Rentenversicherungsträger im Interesse des Rehabilitationserfolges nach Möglichkeit entsprechen. Sie dürfen dem Ziel der Rehabilitation nicht entgegenstehen (§ 33 SGB I).

Berufsförderung

Auf Verlangen des zuständigen Rentenversicherungsträgers soll der Versicherte auch an berufsfördernden Leistungen zur Rehabilitation teilnehmen (§ 64 SGB I). Die Aufforderung zur Teilnahme an solchen Leistungen wird der Versicherte – zum Beispiel im Zuge des Rentenverfahrens – nur erhalten, wenn bei angemessener Berücksichtigung seiner beruflichen Neigung und seiner Leistungsfähigkeit zu erwarten ist, daß sie die Erwerbsfähigkeit auf Dauer erhalten oder wiederherstellen.

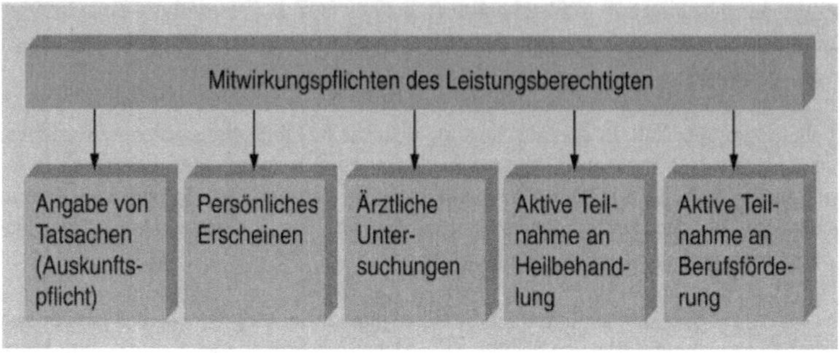

Abbildung 11: Die Mitwirkungspflichten des Leistungsberechtigten im Rehabilitationsverfahren (§§ 60 bis 64 SGB I und § 9 Abs. 2 SGB VI)

7.2 Grenzen der Mitwirkung

Der Versicherte ist nicht zur generellen Mitwirkung verpflichtet. Die genannten Mitwirkungspflichten finden ihre Grenzen in der Zumutbarkeit und körperlichen Unversehrtheit des Leistungsberechtigten (§ 65 SGB I).

Mitwirkungsgrenzen

Keine Mitwirkungspflicht des Betroffenen besteht in folgenden Fällen:

- Erfüllung steht in keinem angemessenen Verhältnis zur Rehabilitationsleistung,
- Unzumutbarkeit aus einem wichtigen Grund,
- Rentenversicherungsträger kann sich die erforderlichen Kenntnisse mit geringerem Aufwand beschaffen,
- Behandlungen oder Untersuchungen schließen einen Schaden für Leben bzw. Gesundheit nicht mit hoher Wahrscheinlichkeit aus,
- Behandlungen oder Untersuchungen sind mit erheblichen Schmerzen verbunden,
- Behandlungen oder Untersuchungen sind mit einem erheblichen Eingriff in die körperliche Unversehrtheit verbunden, zum Beispiel bei Operation,
- Angaben setzen Leistungsberechtigten oder nahestehende Personen der Gefahr einer strafrechtlichen Verfolgung oder einem Ordnungswidrigkeitsverfahren aus.

In diesen Fällen darf der Versicherte die Mitwirkung berechtigt verweigern. Nachteilige Folgen der fehlenden Mitwirkung entstehen ihm nicht.

7.3 Folgen fehlender Mitwirkung

Fehlende Mitwirkung

Kommt jemand seinen bestehenden Mitwirkungspflichten pflichtwidrig nicht nach, können sich für ihn nachteilige Rechtsfolgen ergeben (§ 66 SGB I). Diese Nachteile treten jedoch nicht ein, wenn der Berechtigte die Mitwirkung zu Recht verweigern darf (vgl. Abschnitt 7.2).

Rechtsfolgen können sich für den Leistungsberechtigten bei fehlender Mitwirkung ergeben, wenn er

Rechtsfolgen

- pflichtwidrig die mögliche Sachaufklärung verzögert bzw. verhindert oder
- pflichtwidrig an einer zumutbaren Heilbehandlung oder Berufsförderung nicht teilnimmt.

7.3.1 Verzögerung oder Verhinderung der Sachaufklärung

Antrags-ablehnung

Kommt der Versicherte seiner Mitwirkungspflicht, Tatsachen anzugeben, Beweismittel zu benennen bzw. einzureichen oder sich untersuchen zu lassen, nicht nach, so verzögert oder verhindert er damit unter Umständen pflichtwidrig die mögliche Aufklärung des Sachverhalts. Der Rentenversicherungsträger ist dann berechtigt, von weiteren eigenen Ermittlungen abzusehen und nach vorherigem schriftlichen Hinweis auf die Folgen den Rehabilitationsantrag abzulehnen. Bereits bewilligte Leistungen können versagt oder entzogen werden (§ 66 Abs. 1 SGB I).

Wird die Mitwirkung später nachgeholt, kann der Rentenversicherungsträger die versagten oder entzogenen Leistungen bei Erfüllung der Voraussetzungen nachträglich erbringen (§ 67 SGB I).

7.3.2 Nichtteilnahme an Heilbehandlung oder Berufsförderung

Versagung

Kommt der Versicherte seiner Mitwirkungspflicht zur Durchführung einer zumutbaren medizinischen Leistung (Heilbehandlung) oder berufsfördernden Leistung nicht nach, kann sich aufgrund seines pflichtwidrigen Verhaltens für ihn ein Bedarf an kostenaufwendigen anderen Sozialleistungen ergeben. Andere Sozialleistungen innerhalb oder außerhalb der Rentenversicherung sind zum Beispiel: Renten wegen verminderter Erwerbsfähigkeit, Krankengeld, Arbeitslosengeld. Diese Leistungen können vom zuständigen Leistungsträger (zum Beispiel LVA, Krankenkasse, Arbeitsamt) ganz oder teilweise versagt bzw. entzogen, das heißt die Zahlung abgelehnt werden (§ 66 Abs. 2 SGB I).

Ursächlicher Zusammenhang

Voraussetzung für die Versagung (Entziehung) ist, daß unter Würdigung aller Umstände mit Wahrscheinlichkeit anzunehmen ist, daß wegen der Weigerung des Versicherten die Arbeits-, Erwerbs- oder Vermittlungsfähigkeit beeinträchtigt oder nicht verbessert wurde. Zwischen der Weigerung des Versicherten, die angebotene Rehabilitation durchführen zu lassen und der zur anderen Sozialleistung führenden Beeinträchtigung muß also ein ursächlicher Zusammenhang bestehen.

Bei Versagung oder Entziehung der Sozialleistung ist auch hier zu beachten, daß der Leistungsberechtigte vorher auf diese Folge schriftlich hingewiesen wurde und er seiner Mitwirkungspflicht nicht innerhalb einer ihm gesetzten angemessenen Frist nachgekommen ist (§ 66 Abs. 3 SGB I). Wird die Mitwirkung später nachgeholt, kann der Leistungsträger die versagte oder entzogene Leistung bei Erfüllung der Voraussetzungen nachträglich erbringen (§ 67 SGB I).

Leistungs-verzicht

Der Versicherte kann die Folgen fehlender Mitwirkung (Versagung oder Entziehung anderer Leistungen) nicht dadurch umgehen, daß er „einfach" auf die von ihm nicht gewollte Heilbehandlung oder Berufsförderung verzichtet. Zwar ist ein Verzicht auf Sozialleistungen zulässig (§ 46 Abs. 1 SGB I). Das gilt allerdings nicht, wenn dadurch andere belastet oder Rechtsvorschriften umgangen werden. In diesen Fällen ist der Verzicht unwirksam (§ 46 Abs. 2 SGB I). Ein Verzicht auf notwendige Rehabilitation würde zur Umgehung gesetzlicher Vorschriften (zum Beispiel über die Mitwirkungspflichten und zum Prinzip „Rehabilitation vor Rente") führen und Leistungsträger belasten. Der Verzicht wäre daher nichtig.

Zusammenfassung:

Für den Versicherten gibt es beim Rehabilitationsverfahren Mitwirkungspflichten. Sie bestehen darin, daß er zur Aufklärung des Sachverhalts beiträgt und dabei auch ärztliche Untersuchungen akzeptiert. An angebotenen - zumutbaren - medizinischen und berufsfördernden Leistungen hat er aktiv teilzunehmen.

Keine Mitwirkungspflicht besteht bei Unzumutbarkeit, zum Beispiel Schaden für Gesundheit, oder bei erheblichem Eingriff in die körperliche Unversehrtheit (= Grenzen der Mitwirkung).

Werden Mitwirkungspflichten nicht erfüllt, ergeben sich unter Umständen nachteilige Rechtsfolgen. Diese bestehen in der Ablehnung des Rehabilitationsantrages oder im Versagen bzw. Entziehen anderer Sozialleistungen, die nunmehr erforderlich werden.

Aufgaben zur Selbstüberprüfung:

30. Zählen Sie die verschiedenen Mitwirkungspflichten des Leistungsberechtigten im Zusammenhang mit dem Rehabilitationsverfahren auf.

31. Erklären Sie die Bezeichnung „Grenzen der Mitwirkungspflicht", und nennen Sie die typischen Beispiele.

32. Erläutern Sie die Rechtsfolgen bei fehlender Mitwirkung.

8. Voraussetzungen für Leistungen zur Rehabilitation

Lernziel:

Sie können feststellen, ob die Voraussetzungen für Rehabilitationsleistungen vorliegen und gegebenenfalls Ausschlußgründe bestehen.

Rehabilitationsleistungen aus der Rentenversicherung können – Antrag bzw. Zustimmung des Betroffenen vorausgesetzt – nur bewilligt werden, wenn sowohl die persönlichen Voraussetzungen (§ 10 SGB VI) als auch die versicherungsrechtlichen Voraussetzungen (§ 11 SGB VI) erfüllt sind und keine Ausschlußgründe (§ 12 SGB VI) vorliegen.

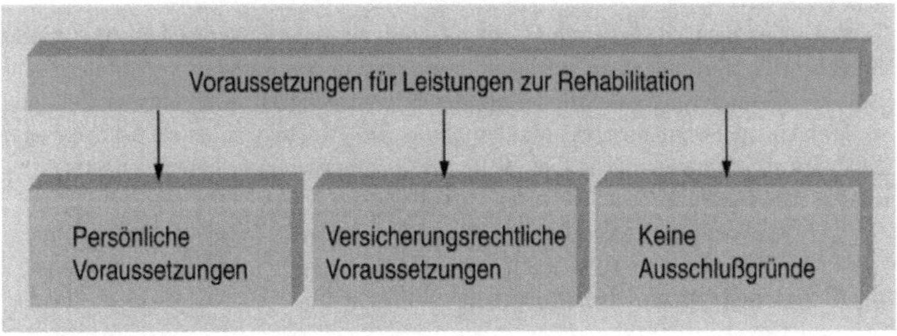

Abbildung 12: Voraussetzungen für die Erbringung von Leistungen zur Rehabilitation aus der Rentenversicherung

8.1 Persönliche Voraussetzungen

Medizinische Erfordernisse

Als persönliche Voraussetzungen bezeichnet man die im wesentlichen medizinischen Erfordernisse, die für Rehabilitationsleistungen aus der Rentenversicherung vorliegen müssen. Diese persönlichen Voraussetzungen sind (§ 10 SGB VI):

Erhebliche Gefährdung

a) erhebliche Gefährdung oder Minderung der Erwerbsfähigkeit infolge Krankheit oder körperlicher, geistiger bzw. seelischer Behinderung (also aus gesundheitlichen Gründen) **und**

Erfolgsaussicht

b) Erfolgsaussicht der Leistungen zur Rehabilitation
   - durch voraussichtliche Abwendung der Minderung der Erwerbsfähigkeit (bei erheblicher Gefährdung der Erwerbsfähigkeit) oder
   - durch voraussichtliche wesentliche Besserung bzw. Wiederherstellung der Erwerbsfähigkeit oder Abwendung der drohenden Berufs- bzw. Erwerbsunfähigkeit oder der im Bergbau verminderten Berufsfähigkeit (bei bereits geminderter Erwerbsfähigkeit).

Die Erwerbsfähigkeit des Versicherten muß also erheblich gefährdet oder gemindert sein, und es muß außerdem eine Erfolgsaussicht der Rehabilitationsleistung bestehen.

Von einer Erfolgsaussicht ist auszugehen, wenn der Rehabilitationserfolg überwiegend – also über 50 Prozent – wahrscheinlich ist. Zur Klärung der medizinischen Fragen wird der ärztliche Dienst eingeschaltet.

8.1.1 Erwerbsfähigkeit

Unter der Erwerbsfähigkeit versteht man die Fähigkeit des Versicherten, sich unter Ausnutzung der Arbeitsgelegenheiten, die sich ihm nach seinen Kenntnissen sowie körperlichen und geistigen Fähigkeiten im gesamten Bereich des wirtschaftlichen Lebens bieten, einen Erwerb zu verschaffen. Gemeint ist damit die Fähigkeit zum Erwerb von Einkünften aus einer Beschäftigung oder Tätigkeit, also aus einer Erwerbstätigkeit. Hieraus erzielte Einkünfte werden als Arbeitsentgelt, Arbeitseinkommen, Lohn oder Gehalt bezeichnet.

Einkünfte

Gefährdung

Minderung

Es muß eine erhebliche Gefährdung oder Minderung dieser Erwerbsfähigkeit vorliegen. Erhebliche Gefährdung ist anzunehmen, wenn nach dem erwarteten Verlauf der Krankheit oder Behinderung eine Minderung der Erwerbsfähigkeit in absehbarer Zeit, etwa drei Jahren, zu erwarten ist. Bei Minderung der Erwerbsfähigkeit ist als der „schwerere Fall" eine nicht unwesentliche Einbuße in der Leistungsfähigkeit bereits eingetreten.

8.1.2 Krankheit oder Behinderung

Gesundheitliche Gründe

Die Gefährdung oder Minderung der Erwerbsfähigkeit muß auf Krankheit bzw. körperliche, geistige oder seelische Behinderung zurückzuführen sein. Das bedeutet, daß die persönlichen Voraussetzungen nur erfüllt sein können, wenn gesundheitliche Gründe für die Leistungseinschränkung ausschlaggebend sind. Liegen andere Gründe – zum Beispiel Arbeitslosigkeit wegen Abbau von Arbeitsplätzen – für die Minderung der Erwerbsfähigkeit vor, sind in Betracht kommende berufsfördernde Leistungen aus der Rentenversicherung nicht zu erbringen (zuständig dann Bundesanstalt für Arbeit).

Krankheit

Krankheit ist ein vorübergehender körperlicher oder geistiger Zustand, bei dem die geordneten Funktionsabläufe im menschlichen Körper oder Geist gestört sind. Normalerweise setzt Krankheit Behandlungsbedürftigkeit voraus oder hat Arbeitsunfähigkeit zur Folge.

Behinderung

Behinderung ist ein nicht nur vorübergehender regelwidriger körperlicher, geistiger oder seelischer Zustand. Er führt zu Einschränkungen oder zum Verlust von Fähigkeiten, die Voraussetzung für eine normale Lebensführung sind. Im Gegensatz zur Krankheit ist die Behinderung von gewisser Dauer.

8.2 Versicherungsrechtliche Voraussetzungen

Unterschiedliche Regelungen

Die versicherungsrechtlichen Voraussetzungen sind in § 11 SGB VI geregelt. Sie sind für medizinische Leistungen und für berufsfördernde Leistungen teilweise unterschiedlich. Für medizinische Leistungen gelten die Absätze 1, 2 und 3 der Vorschrift, während für berufsfördernde Leistungen die Absätze 1, 2a und 3 maßgebend sind. Es genügt, wenn wahlweise eine der in Frage kommenden Voraussetzungen erfüllt ist. Eine bestimmte Rangfolge ist vom Gesetzgeber nicht festgelegt.

Antragszeitpunkt

Bei der Beurteilung der versicherungsrechtlichen Voraussetzungen kommt es jeweils auf den Zeitpunkt der wirksamen Antragstellung an (vgl. Abschnitt 6.1.1). Soweit der Rentenversicherungsträger von Amts wegen Rehabilitationsleistungen erbringen will, gilt der Tag der Zustimmung als Zeitpunkt der Antragstellung (§ 115 Abs. 4 SGB VI).

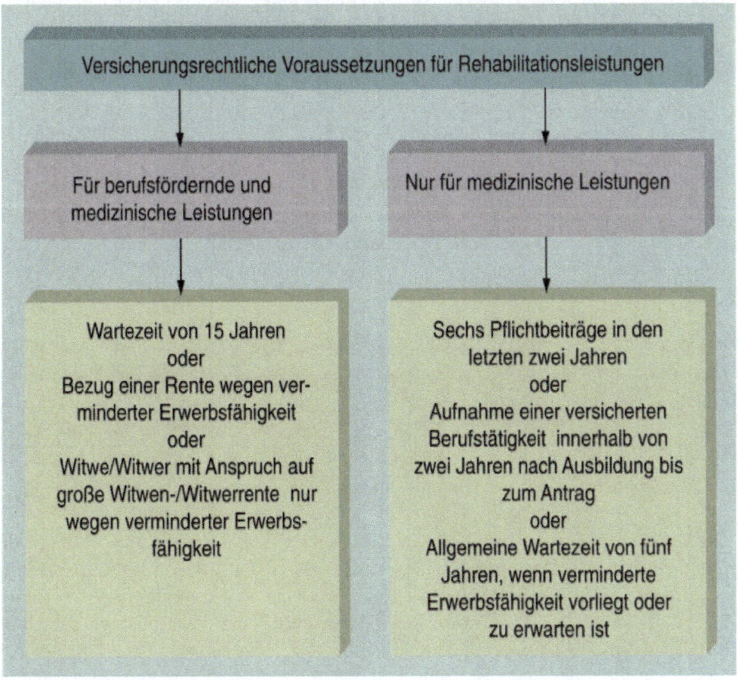

Abbildung 13: Die versicherungsrechtlichen Voraussetzungen für Rehabilitationsleistungen aus der Rentenversicherung zum Zeitpunkt der Antragstellung (§ 11 SGB VI)

Sonderregelung

Darüber hinaus sind die versicherungsrechtlichen Voraussetzungen für berufsfördernde Leistungen auch dann erfüllt, wenn ohne diese Leistungen Rente wegen verminderter Erwerbsfähigkeit zu zahlen wäre oder sie im unmittelbaren Anschluß an medizinische Leistungen der Rentenversicherung erforderlich sind.

8.2.1 Versicherungsrechtliche Voraussetzungen für berufsfördernde und medizinische Leistungen

Wartezeit von 15 Jahren

Die versicherungsrechtlichen Voraussetzungen sind für alle Leistungsarten zur Rehabilitation erfüllt, wenn der Versicherte die Wartezeit von 15 Jahren bei Antragstellung erreicht hat (§ 11 Abs. 1 Nr. 1 SGB VI). Als Wartezeit bezeichnet man die für die jeweilige Rentenart erforderliche Mindestversicherungszeit (§ 34 Abs. 1 SGB VI). Insoweit ist der Begriff in das Rehabilitationsrecht übernommen worden. Die Wartezeit von 15 Jahren setzt sich aus 180 Kalendermonaten anrechenbarer Zeiten im Sinne des § 51 Abs. 1 und 4 SGB VI zusammen, das heißt aus Beitragszeiten (Pflichtbeiträge und freiwillige Beiträge) und Ersatzzeiten (§ 250 SGB VI). In Scheidungsfällen kommen gegebenenfalls noch Wartezeitmonate aus dem Versorgungsausgleich hinzu (§ 52 SGB VI).

Wegen Einzelheiten zur Wartezeit sowie zu den Beitrags- und Ersatzzeiten wird auf die Studientexte Nr. 19 „Wartezeiten" und Nr. 23 „Versorgungsausgleich" verwiesen.

Rentner

Alternativ sind die versicherungsrechtlichen Voraussetzungen für Rehabilitationsleistungen auch dann erfüllt, wenn bei Antragstellung eine Rente wegen verminderter Erwerbsfähigkeit bezogen wird (§ 11 Abs. 1 Nr. 2 SGB VI). Hierunter fallen die Renten wegen Berufs- und Erwerbsunfähigkeit (§§ 43, 44 SGB VI) und im Bereich der knappschaftlichen Rentenversicherung die Rente für Bergleute wegen im Bergbau verminderter Berufsfähigkeit (§ 45 SGB VI). Auch Invalidenrenten, die in den neuen Bundesländern im Rahmen der Vertrauensschutzregelungen (RÜG) gezahlt werden, gehören dazu. Wegen Einzelheiten zu diesen Renten wird auf den Studientext Nr. 17 „Renten wegen verminderter Erwerbsfähigkeit" verwiesen.

Witwen

Darüber hinaus sind die versicherungsrechtlichen Voraussetzungen für überlebende Ehegatten erfüllt, die im Zeitpunkt der Antragstellung wegen verminderter Erwerbsfähigkeit, zum Beispiel Berufs- oder Erwerbsunfähigkeit, Anspruch auf große Witwen- oder Witwerrente nach § 46 SGB VI haben (§ 11 Abs. 3 SGB VI). Diese Regelung bedeutet, daß auch nichtversicherte Personen berufsfördernde und medizinische Leistungen erhalten können. Sie gelten dann – nur für das Rehabilitationsrecht – als Versicherte.

Verminderte Erwerbsfähigkeit

Die verminderte Erwerbsfähigkeit muß der alleinige Grund für den Anspruch auf die große Witwen- oder Witwerrente sein (§ 46 Abs. 2 Nr. 3 SGB VI). Wer bei Antragstellung bereits das 45. Lebensjahr vollendet hat oder ein Kind erzieht, erfüllt diese Voraussetzung nicht. Dies ist in dem Prinzip „Rehabilitation vor Rente" begründet (vgl. Abschnitt 9.1). Denn nur wenn die verminderte Erwerbsfähigkeit der alleinige Grund für den Anspruch auf die große Rente ist, kann diese Rente nach Beseitigung der Erwerbsminderung in die kleine Witwen- bzw. Witwerrente „umgewandelt" werden.

Einkommensanrechung

Der Anspruch auf die große Witwen- oder Witwerrente braucht nur dem Grunde nach zu bestehen. Ein fehlender Zahlungsanspruch infolge Einkommensanrechnung (§ 97 SGB VI) ist unschädlich. Hinsichtlich des Anspruchs auf große Witwen- bzw. Witwerrente wird auf den Studientext Nr. 18 „Renten wegen Todes" verwiesen.

Geschiedene

Geschiedene Ehegatten mit einem Anspruch auf große Witwen- bzw. Witwerrente (§ 243 SGB VI) erfüllen als Hinterbliebene nicht die versicherungsrechtlichen Voraussetzungen nach § 11 Abs. 3 SGB VI. Der Begriff „überlebende Ehegatten" bedeutet nach Auffassung der Rentenversicherungsträger, daß zum Zeitpunkt des Todes des Versicherten eine gültige Ehe bestanden haben muß.

8.2.2 Versicherungsrechtliche Voraussetzungen nur für medizinische Leistungen

Lediglich für medizinische Leistungen – also nicht für berufsfördernde Leistungen – sind die versicherungsrechtlichen Voraussetzungen außerdem unter den Bedingungen des § 11 Abs. 2 SGB VI erfüllt.

Sechs Pflichtbeiträge

Es genügt, wenn in den letzten zwei Jahren vor Antragstellung mindestens sechs Kalendermonate mit Pflichtbeiträgen belegt sind (§ 11 Abs. 2 Nr. 1 SGB VI). Pflichtbeiträge in diesem Sinne sind sämtliche Arten von Beiträgen, die wegen Versicherungspflicht in der Rentenversicherung gezahlt sind oder als gezahlt gelten. Außer den Pflichtbeiträgen aufgrund einer versicherten Beschäftigung oder Tätigkeit (§§ 1, 2 SGB VI) gehören also zum Beispiel auch Pflichtbeiträge aufgrund von Wehr- bzw. Zivildienstpflicht (§ 3 Nr. 2 SGB VI), Sozialleistungsbezuges (§ 3 Nr. 3 SGB VI) oder wegen Kindererziehung (§ 56 SGB VI) dazu.

Zweijahreszeitraum

Der Zweijahreszeitraum berechnet sich nach § 26 SGB X in Verbindung mit den §§ 187 und 188 BGB und endet somit am Tag vor der Antragstellung. Die „Feiertagsregelung" des § 26 Abs. 3 SGB X gilt bei dieser „Rückwärtsfrist" nicht.

Beispiel:

Rehabilitationsantrag	18. 6. 1993
Zweijahreszeitraum	18. 6. 1991 bis 17. 6. 1993

Zeitraumverschiebung

Sollten die erforderlichen sechs Pflichtbeiträge zwar nicht im eigentlichen Zweijahreszeitraum, jedoch in einem späteren – höchstens bis zur Entscheidung über den Rehabilitationsantrag gehenden – Zeitraum vorliegen, sind die versicherungsrechtlichen Voraussetzungen ebenfalls erfüllt. In diesen Fällen unterstellen die Rentenversicherungsträger, daß der Versicherte bei entsprechender Aufklärung und Beratung (§§ 13, 14 SGB I) den ursprünglichen Antrag zurückgenommen und einen erneuten späteren Antrag gestellt hätte.

Beispiel:

Pflichtbeiträge	1. 4. 1993 bis 15. 9. 1993
Rehabilitationsantrag	19. 8. 1993
Entscheidung des Rentenversicherungsträgers	13. 10. 1993
Eigentlicher Zweijahreszeitraum	19. 8. 1991 bis 18. 8. 1993 = 5 KM Pflichtbeiträge
Verschobener Zweijahreszeitraum	13. 10. 1991 bis 12. 10. 1993 = 6 KM Pflichtbeiträge

Die versicherungsrechtlichen Voraussetzungen für medizinische Leistungen sind somit erfüllt.

Hinweis:

Anstelle des Zeitraumes vom 13. 10. 1991 bis 12. 10. 1993 könnte im Beispiel auch die Zeit vom 2. 9. 1991 bis 1. 9. 1993 oder eine beliebige andere Zweijahresfrist zwischen beiden Zeiträumen zugrunde gelegt werden.

Ausbildung

Die versicherungsrechtlichen Voraussetzungen sind für medizinische Leistungen auch erfüllt, wenn der Versicherte innerhalb von zwei Jahren nach Beendigung einer Ausbildung eine (pflicht-)versicherte Beschäftigung oder Tätigkeit aufgenommen und bis zum Antrag ausgeübt hat (§ 11 Abs. 2 Nr. 2 SGB VI). Der Antragsteller muß also grundsätzlich von der erstmaligen Aufnahme der Berufstätigkeit nach der Ausbildung bis zur Antragstellung ununterbrochen versicherungspflichtig beschäftigt oder tätig gewesen sein. Nicht erforderlich ist, daß die Berufstätigkeit stets bei demselben Arbeitgeber ausgeübt wurde.

Unter Ausbildung ist die Schul- und Berufsausbildung zu verstehen. Ein erfolgreicher Abschluß ist nicht notwendig. Von einer Ausbildung im Sinne der Rentenversicherung ist aber nur auszugehen, wenn Zeit und Arbeitskraft hierdurch überwiegend (mehr als 20 Stunden pro Woche) in Anspruch genommen werden. Hauptsächlich sind von dieser Regelung Jugendliche und Studenten betroffen.

Zweijahreszeitraum

Der Zweijahreszeitraum berechnet sich auch hier nach § 26 SGB X in Verbindung mit den §§ 187, 188 BGB und beginnt somit am Tag nach dem Ende der Ausbildung. Bei mehreren Ausbildungen ist von der letzten auszugehen.

Beispiel:

Schulausbildung	1. 7. 1970 bis 30. 6. 1983
versicherte Beschäftigung	1. 11. 1986 bis 31. 3. 1988
Studium	1. 10. 1991 bis 15. 3. 1992 (Abbruch)
versicherte Beschäftigung	1. 6. 1993 bis 31. 7. 1993
Rehabilitationsantrag	15. 7. 1993

Die versicherte Beschäftigung ist fristgerecht am 1. 6. 1993 innerhalb des maßgebenden Zweijahreszeitraumes (16. 3. 1992 bis 15. 3. 1994) aufgenommen worden. Die Beschäftigung ist auch ununterbrochen bis zur Antragstellung ausgeübt worden. Die versicherungsrechtlichen Voraussetzungen für medizinische Leistungen sind erfüllt.

Arbeitsunfähigkeit, Arbeitslosigkeit

Normalerweise muß das versicherte Arbeitsverhältnis bis zur Antragstellung bestehen. Alternativ reicht es aber aus, wenn der Versicherte bei vorher beendeter versicherter Beschäftigung oder Tätigkeit im unmittelbaren Anschluß daran ohne Unterbrechung bis zur Antragstellung arbeitsunfähig oder arbeitslos gewesen ist. In diesem Fall muß der Zeitraum zwischen Aufnahme der versicherten Berufstätigkeit innerhalb von zwei Jahren nach Ausbildungsende und dem Rehabilitationsantrag lückenlos mit Pflichtbeiträgen, Arbeitsunfähigkeits- und Arbeitslosenzeiten gefüllt sein. Ob die Arbeitsunfähigkeit oder Arbeitslosigkeit zur Versicherungspflicht führt, ist dabei ohne Bedeutung.

Beispiel:

Schulausbildung	1. 4. 1989 bis 31. 3. 1991
versicherte Beschäftigung	1. 3. 1993 bis 15. 4. 1993
Arbeitsunfähigkeit	16. 4. 1993 bis 31. 7. 1993
Rehabilitationsantrag	10. 6. 1993

Die versicherte Beschäftigung ist fristgerecht am 1. 3. 1993 innerhalb des maßgebenden Zweijahreszeitraumes (1. 4. 1991 bis 31. 3. 1993) aufgenommen worden. Im unmittelbaren Anschluß an diese Beschäftigung liegt bis zum Antrag Arbeitsunfähigkeit vor. Die versicherungsrechtlichen Voraussetzungen für medizinische Leistungen sind erfüllt.

Die versicherungsrechtlichen Voraussetzungen sind für medizinische Leistungen auch von demjenigen erfüllt, der vermindert erwerbsfähig (also insbesondere berufs- bzw. erwerbsunfähig) ist oder bei dem dies in absehbarer Zeit, von etwa drei Jahren, zu erwarten ist, wenn die allgemeine Wartezeit von fünf Jahren bei Antragstellung erreicht ist (§ 11 Abs. 2 Nr. 3 SGB VI). Diese Wartezeit setzt sich aus 60 Kalendermonaten anrechenbarer Zeiten im Sinne des § 51 Abs. 1 und 4 SGB VI – also Beitrags- und Ersatzzeiten – und den Monaten aus dem Versorgungsausgleich (§ 52 SGB VI) zusammen (vgl. hierzu den Studientext Nr. 19 „Wartezeiten" und Studientext Nr. 23 „Versorgungsausgleich"). Die allgemeine Wartezeit kann auch vorzeitig erfüllt sein (§ 53 SGB VI).

Allgemeine Wartezeit

8.2.3 Sonderregelungen für berufsfördernde Leistungen

Die versicherungsrechtlichen Voraussetzungen sind für berufsfördernde Leistungen auch dann erfüllt, wenn

- ohne diese Leistungen Rente wegen verminderter Erwerbsfähigkeit zu zahlen wäre oder
- diese Leistungen unmittelbar im Anschluß an medizinische Leistungen der Rentenversicherung erforderlich sind (§ 11 Abs. 2a SGB VI).

Diese Sonderregelungen bewirken seit 1. 1. 1993 eine Zuständigkeitsverlagerung von der Arbeitslosenversicherung zur Rentenversicherung. Denn auch solche Versicherten, die keine Rente wegen verminderter Erwerbsfähigkeit (§§ 43 bis 45 SGB VI) beziehen, können bereits dann berufsfördernde Leistungen aus der Rentenversicherung erhalten, wenn sie Anspruch auf eine solche Rente hätten. Dies gilt unabhängig davon, ob ein Rentenantrag gestellt ist.

Verminderte Erwerbsfähigkeit

Ebenso kann der Rentenversicherungsträger nach durchgeführten medizinischen Leistungen im unmittelbaren Anschluß daran erforderliche berufsfördernde Leistungen erbringen. In diesem Fall wird das gesamte Rehabilitationsverfarhen innerhalb der Rentenversicherung durchgeführt. Dies fördert den zügigen und kontinuierlichen Ablauf der Rehabilitation.

Anschlußberufsförderung

Hinweis:

Sollten die versicherungsrechtlichen Voraussetzungen für berufsfördernde oder medizinische Leistungen nicht erfüllt sein, können diesen Personen, zum Beispiel nichtversicherten Ehegatten oder Kindern von Versicherten bzw. Rentnern, gegebenenfalls sonstige Leistungen (§ 31 SGB VI) bewilligt werden (vgl. hierzu Studientext Nr. 14 „Ergänzende und sonstige Leistungen sowie Zuzahlung").

Sonstige Leistungen

8.3 Ausschluß von Rehabilitationsleistungen

Trotz Erfüllung der persönlichen und versicherungsrechtlichen Voraussetzungen sind Leistungen zur Rehabilitation aus der Rentenversicherung unzulässig, wenn Ausschlußgründe vorliegen (§ 12 Abs. 1 SGB VI). Zum Leistungsausschluß kommt es, falls aus anderen Sozialleistungsbereichen oder sonstigen Sicherungssystemen vorrangig entsprechende Leistungen zu erbringen sind oder das Erwerbsleben aus Altersgründen bereits abgeschlossen ist.

Leistungsausschluß

Ausschlußgründe

Keine Leistungen zur Rehabilitation werden aus der Rentenversicherung für Versicherte in folgenden Fällen erbracht:

Arbeitsunfall

- bei Rehabilitation wegen eines Arbeitsunfalles (einschließlich Wegeunfall und Berufskrankheit) oder einer Schädigung im Sinne des sozialen Entschädigungsrechts;

  In diesen Fällen haben vorrangig die Berufsgenossenschaften oder Versorgungsämter die Rehabilitation durchzuführen (vgl. Abschnitte 5.1.2 und 5.1.5).

Altersrente

- bei Bezug oder Beantragung einer Altersrente von wenigstens zwei Dritteln der Vollrente;

  In diesen Fällen ist aufgrund des Anteils der Altersrente davon auszugehen, daß das Erwerbsleben im wesentlichen abgeschlossen und eine dauerhafte Eingliederung in das Berufsleben nicht mehr möglich ist. Teilrenten im Umfang von einem Drittel oder der Hälfte der Vollrente sind – unabhängig vom Alter des Versicherten – dagegen kein Ausschlußgrund.

Beamte

- bei einer ausgeübten Beschäftigung, aus der nach beamtenrechtlichen oder beamtenrechtsähnlichen Vorschriften eine Anwartschaft auf Versorgung gewährleistet ist;

  Hiervon sind zum Beispiel Beamte (auf Lebenszeit), Richter und Dienstordnungs-Angestellte betroffen. Für sie sind hinsichtlich des Schutzes bei Erwerbsminderung oder Alter die beamtenrechtsmäßigen Sondersysteme zuständig. Bei Rehabilitationsbedarf haben diese Personen einen Beihilfeanspruch gegen den öffentlich-rechtlichen Dienstherrn oder Arbeitgeber. Liegen bei einem Beamten auf Widerruf oder auf Probe Versorgungsanwartschaften noch nicht vor, kann er bei Erfüllung der persönlichen und versicherungsrechtlichen Voraussetzungen Rehabilitationsleistungen aus der Rentenversicherung erhalten.

Altersversorgung

- bei Personen, die als Bezieher einer Altersversorgung versicherungsfrei sind;

  Hiervon sind zum Beispiel Ruhestandsbeamte wegen Alters betroffen. Bei ihnen ist das eigentliche Erwerbsleben bereits abgeschlossen. Wer aus anderen Gründen als wegen Erreichens der Altersgrenze eine Versorgung erhält, zum Beispiel wegen Dienstunfähigkeit, ist von dem Leistungsausschluß nicht betroffen.

Häftlinge

- bei Untersuchungshäftlingen und Strafgefangenen;

  Bei diesen Personen ist die Rehabilitation unter Beachtung besonderer Sicherheitsvorkehrungen durch das Strafvollzugsgesetz geregelt. Als Ausnahme sind berufsfördernde Leistungen aus der Rentenversicherung bei erleichtertem Strafvollzug, zum Beispiel tagsüber Beschäftigung außerhalb der Haftanstalt, sowie berufsfördernde und medizinische Leistungen bei Aussetzung des Strafvollzuges bzw. der Untersuchungshaft zulässig.

8.4 Wiederholung von medizinischen Leistungen

Wiederholungsheilbehandlung

Im weiteren Sinne zählt zu den Ausschlußregelungen auch die Vorschrift über den frühestmöglichen Beginn von Wiederholungsheilbehandlungen (§ 12 Abs. 2 SGB VI).

Dreijahreszeitraum

Medizinische Leistungen zur Rehabilitation werden grundsätzlich nicht vor Ablauf von drei Jahren nach Durchführung solcher oder ähnlicher Leistungen zur Rehabilitation erbracht, wenn deren Kosten aufgrund öffentlich-rechtlicher Vorschriften getragen oder bezuschußt worden sind. Der Dreijahreszeitraum berechnet sich nach § 26 SGB X in Verbindung mit den §§ 187 und 188 BGB und beginnt am Tag der Entlassung aus der vorherigen Heilbehandlung. Die „Feiertagsregelung" nach § 26 Abs. 3 SGB VI ist hier nicht anzuwenden, weil dies eine Benachteiligung des Versicherten bedeuten würde (spätere Wiederholungsheilbehandlung). Eine eventuelle Schonungszeit führt nicht zur Verschiebung des Dreijahreszeitraumes.

Beispiel:

Medizinische Rehabilitation
(Heilbehandlung) 17. 8. 1990 bis 20. 9. 1990
Dreijahreszeitraum 21. 9. 1990 bis 20. 9. 1993

Die nächste gleichartige oder ähnliche medizinische Rehabilitationsleistung, die Wiederholungsheilbehandlung, kann somit am 21. 9. 1993 beginnen.

Vergleichbare Leistungen

Gleichartige („solche") oder ähnliche Leistungen zur Rehabilitation, die bei der Bestimmung des Dreijahreszeitraumes für Wiederholungsheilbehandlungen beachtet werden müssen, sind insbesondere:

- stationäre Heilbehandlungen der verschiedenen Sozialleistungsträger oder sonstigen öffentlich-rechtlichen Stellen,
- sonstige Leistungen zur Rehabilitation nach § 31 Abs. 1 Nr. 2 bis 4 SGB VI, zum Beispiel Nach- und Festigungskuren wegen Geschwulstkrankheiten oder Kinderheilbehandlung,
- ambulante Rehabilitationskuren (§ 40 Abs. 2 SGB V),
- stationäre Behandlung mit Unterkunft und Verpflegung in einer Rehabilitationseinrichtung der Krankenversicherung (§ 40 Abs. 2 SGB V),
- Müttergenesungskuren (§ 41 Abs. 1 SGB V) in Form einer Rehabilitationskur,
- ambulante Heilkuren sowie Sanatoriumsbehandlungen, für die nach den Beihilfevorschriften des öffentlichen Dienstes Zuschüsse gezahlt werden.

Nicht zu den gleichartigen oder ähnlichen Leistungen zählen Krankenbehandlungen in Form von ambulanter ärztlicher Behandlung, Krankenhausbehandlung und Vorsorgekuren.

Vorzeitige Wiederholung

Die Dreijahresfrist für die Wiederholung von medizinischen Leistungen muß nicht generell eingehalten werden. Ein früherer Beginn ist erlaubt, wenn vorzeitige Leistungen aus gesundheitlichen Gründen nach ärztlicher Beurteilung dringend erforderlich sind. Derartige gesundheitliche Gründe können zum Beispiel sein:

- neue Krankheiten oder Behinderungen,
- erhebliche Verschlimmerung der bisherigen Krankheiten oder Behinderungen,
- erforderliche Anschlußheilbehandlung oder
- drohender Eintritt der Berufs- oder Erwerbsunfähigkeit.

Zusammenfassung:

Rehabilitationsleistungen können Versicherte aus der Rentenversicherung nur erhalten, wenn sowohl die persönlichen als auch die versicherungsrechtlichen Voraussetzungen erfüllt sind und keine Ausschlußgründe vorliegen. Als persönliche Voraussetzungen werden die medizinischen Bedingungen bezeichnet. Diese setzen erhebliche Gefährdung oder Minderung der Erwerbsfähigkeit und eine Erfolgsaussicht der Rehabilitationsleistungen voraus.

Die versicherungsrechtlichen Voraussetzungen schreiben den notwendigen Umfang an Versicherungszeiten oder bestimmte Rentenansprüche vor. So haben Versicherte mit einer Wartezeit von 15 Jahren und Rentner wegen Berufs- oder Erwerbsunfähigkeit die versicherungsrechtlichen Voraussetzungen für berufsfördernde und medizinische Leistungen erreicht. Insbesondere für die letztgenannten Leistungen gibt es darüber hinaus noch weitere Möglichkeiten, die versicherungsrechtlichen Voraussetzungen zu erfüllen.

Zu einem Ausschluß von Rehabilitationsleistungen aus der Rentenversicherung kommt es, wenn bestimmte andere Stellen vorrangig entsprechende Leistungen zu erbringen haben oder der Betreffende altersbedingt bereits aus dem Erwerbsleben ausgeschieden ist. Leistungseinschränkung bedeutet auch, daß grundsätzlich die Wiederholung von medizinischen Rehabilitationsleistungen erst nach drei Jahren zulässig ist.

Aufgaben zur Selbstüberprüfung:

33. Nennen Sie die beiden persönlichen Voraussetzungen für Leistungen zur Rehabilitation!

34. Definieren Sie den Begriff „Erwerbsfähigkeit"!

35. Entscheiden Sie durch Ankreuzen, für welche Rehabilitationsleistungen (ML = medizinische Leistungen, BL = berufsfördernde Leistungen) die versicherungsrechtlichen Voraussetzungen erfüllt sind!

	ML	BL
a) 13 Pflichtbeiträge wegen Kindererziehung in den letzten zwei Jahren	☐	☐
b) allgemeine Wartezeit (Berufs- oder Erwerbsunfähigkeit vorläufig nicht zu erwarten)	☐	☐
c) allgemeine Wartezeit (Berufs- oder Erwerbsunfähigkeit in zwei Jahren zu erwarten)	☐	☐
d) Bezug einer Rente wegen Erwerbsunfähigkeit	☐	☐
e) Wartezeit von 15 Jahren	☐	☐
f) Anspruch auf große Witwenrente wegen Vollendung des 45. Lebensjahres und Berufsunfähigkeit	☐	☐

36. Der Regierungsoberinspektor Erwin H. (Beamter auf Lebenszeit) benötigt dringend medizinische Leistungen zur Rehabilitation. Er möchte sie aus der Rentenversicherung erhalten, weil er dort vor seiner Beamtenzeit 15 Beitragsjahre zurückgelegt hat.

    Prüfen Sie, ob Rehabilitationsleistungen aus der Rentenversicherung bewilligt werden können!

37. Ein Versicherter erhielt vom 18. 6. bis 22. 7. 1991 eine stationäre Heilbehandlung.

    Stellen Sie fest, ab wann grundsätzlich gleichartige Leistungen wiederholt werden können!

9. Rentenausschluß und Rentenantragsfiktion

Lernziele:

Sie können feststellen, wann bei Ansprüchen auf Übergangsgeld kein Rentenanspruch besteht und in welchen Fällen der Rehabilitationsantrag als Rentenantrag gilt.

9.1 Grundsatz „Rehabilitation vor Rente"

Vorrang der Rehabilitation

Aus dem Eingliederungsziel der Rehabilitation leitet sich die Rangfolge zwischen Rehabilitation und Rente ab. Es gilt der Grundsatz „Rehabilitation vor Rente". Dieser Vorrang der Rehabilitation ist von allen Rehabilitationsträgern zu beachten (§ 7 Abs. 1 RehaAnglG). Deshalb dürfen Renten wegen verminderter Erwerbsfähigkeit erst dann bewilligt werden, wenn zuvor Rehabilitationsleistungen durchgeführt oder diese wegen mangelnder Erfolgsaussicht nicht erbracht worden sind. Wegen seiner besonderen Bedeutung ist der Vorrang der Rehabilitation gegenüber der Rentenleistung nochmals ausdrücklich in den Vorschriften der Rentenversicherung festgelegt (§ 9 Abs. 1 Satz 2 SGB VI).

Einzelregelungen

Die Verwirklichung des Prinzips „Rehabilitation vor Rente" wird in zahlreichen weiteren Regelungen der Rentenversicherung sichtbar:

- Verpflichtung des Versicherten, an der Rehabilitation aktiv mitzuwirken (§ 9 Abs. 2 Satz 2 SGB VI),
- vor Entscheidung über Anträge auf Rente wegen verminderter Erwerbsfähigkeit erfolgt eine Prüfung, ob Rehabilitationsleistungen voraussichtlich (zur Abwendung des Rentenanspruches) erfolgreich sind (§ 116 Abs. 1 Satz 1 SGB VI) und gegebenenfalls Anbieten solcher Leistungen (§ 115 Abs. 4 SGB VI),
- bei der Prüfung von Rentenansprüchen wegen Berufsunfähigkeit sind zumutbare Verweisungsberufe stets auch Tätigkeiten, für die der Versicherte mit Erfolg durch berufsfördernde Leistungen ausgebildet oder umgeschult wurde (§ 43 Abs. 2 Satz 3 SGB VI),
- bereits vorbeugende Erbringung medizinischer oder berufsfördernder Leistungen bei erheblicher Gefährdung der Erwerbsfähigkeit zur Abwendung von Rentenzahlungen (§ 10 Nr. 2 Buchst. a SGB VI),
- vorbeugende Rehabilitation im Rahmen sonstiger Leistungen (§ 31 SGB VI),
- erleichterte versicherungsrechtliche Voraussetzungen bei vorliegender oder drohender Minderung der Erwerbsfähigkeit oder entsprechendem Rentenanspruch (§ 11 SGB VI),
- Anspruch auf Ersatz-Übergangsgeld bei fehlendem Anspruch auf das „echte" Übergangsgeld, wenn die Voraussetzungen für eine Rente wegen verminderter Erwerbsfähigkeit erfüllt sind (§ 20 Abs. 3 SGB VI),
- Anspruch auf Ersatz-Übergangsgeld vor Beginn einer berufsfördernden Leistung durch andere Rehabilitationsträger (§ 20 Abs. 4 SGB VI),

- vorgezogenes Übergangsgeld bereits ab fiktivem Rentenbeginn bei an sich bestehendem Rentenanspruch (§ 25 Abs. 2 SGB VI),
- Ausschluß von Renten wegen verminderter Erwerbsfähigkeit bei Rehabilitationsleistungen mit Anspruch auf Übergangsgeld (bzw. Ersatz-Übergangsgeld) und sonstigen Zeiten der Übergangsgeldzahlung (§ 116 Abs. 1 Sätze 2 und 3 SGB VI).

9.2 Rentenausschluß wegen Rehabilitationsleistungen

Übergangsgeld

Eine wichtige Folge des Prinzips „Rehabilitation vor Rente" ist der zeitgleiche Rentenausschluß. Werden Rehabilitationsleistungen bewilligt, besteht während dieser Leistungen neben einem Anspruch auf Übergangsgeld (bzw. Ersatz-Übergangsgeld, Verletztengeld oder Versorgungskrankengeld) grundsätzlich kein Anspruch auf Rente wegen verminderter Erwerbsfähigkeit oder auf große Witwen- bzw. Witwerrente wegen verminderter Erwerbsfähigkeit (§ 116 Abs. 1 Satz 2 SGB VI). Dieser Rentenausschluß ist nur zu beachten, wenn die Rente nicht schon vor Beginn der Rehabilitationsleistung bewilligt war. Er gilt auch für Zeiträume außerhalb der eigentlichen Rehabilitationsleistung, in denen Übergangsgeld bzw. die genannten analogen Sozialleistungen zu zahlen sind.

Auch sonstige Leistungen zur Rehabilitation (§ 31 Abs. 1 Nr. 2 und 3 SGB VI) bewirken den Rentenausschluß, wenn sie einen Anspruch auf Übergangsgeld auslösen. Ebenso führen die Leistungen anderer Rehabilitationsträger mit entsprechenden Barleistungen (insbesondere Übergangsgeld) zum Rentenausschluß.

Folgende Regel ist zu beachten:

> Für den Rentenausschluß ist die Höhe des Übergangsgeldes ohne Bedeutung.

Einkommens-anrechung

Zum Rentenausschluß führen Übergangsgelder auch in den Fällen, in denen sie wegen Einkommensanrechnung (§ 27 SGB VI) nur teilweise oder überhaupt nicht gezahlt werden. Dies gilt nach Auffassung der Rentenversicherungsträger auch für Übergangsgeldzeiträume außerhalb der eigentlichen Rehabilitationsleistung, obwohl der Gesetzgeber insoweit mißverständlich von einem Rentenausschluß bei „Zahlung" des Übergangsgeldes spricht.

Wegen Einzelheiten zum Anspruch und zur Zahlung von Übergangsgeldern wird auf den Studientext Nr. 13 „Übergangsgeld" verwiesen.

Rentenbeginn

Der durch Rehabilitationsleistungen bewirkte Rentenausschluß bedeutet eine Einschränkung der Grundbestimmungen zum Rentenbeginn (also der §§ 99, 101 SGB VI); vgl. hierzu Studientext Nr. 17 „Renten wegen verminderter Erwerbsfähigkeit". Der Rentenausschluß erstreckt sich regelmäßig auf die Zeit des eigentlichen, das heißt fiktiven, Rentenbeginns bis zum letzten Tag der Rehabilitation, weil anstelle der Rente ein Übergangsgeldanspruch (bzw. Ersatz-Übergangsgeldanspruch) besteht (§§ 25 Abs. 2 bzw. 20 Abs. 3 SGB VI). Als (echter) Rentenbeginn ist der Tag nach Ende der Rehabilitationsleistung bzw. des darüber hinausgehenden Übergangsgeldanspruches (Schonungszeit) festzustellen, falls die Rehabilitation erfolglos war und ein weiterer Rentenanspruch wegen verminderter Erwerbsfähigkeit besteht.

Beispiel:

Antrag auf Rente wegen Berufs- bzw. Erwerbsunfähigkeit:	17. 2. 1993
zunächst medizinische Leistungen (Heilbehandlung)	5. 4. bis 10. 5. 1993
Schonungszeit	11. 5. bis 13. 5. 1993
Erwerbsunfähigkeit auf Dauer seit	10. 12. 1992 (da Rehabilitation erfolglos)
eigentlicher (fiktiver) Rentenbeginn	1. 1. 1993
Übergangsgeldanspruch	1. 1. bis 13. 5. 1993
Rentenausschluß somit	1. 1. bis 13. 5. 1993
tatsächlicher Rentenbeginn	14. 5. 1993

Zeitrente

Sollte die Erwerbsunfähigkeit nur auf Zeit – also befristet – bestehen, würde der (gegebenenfalls fiktive) Rentenbeginn nicht vor Beginn des siebten Kalendermonats nach Eintritt der Minderung der Erwerbsfähigkeit liegen (§ 101 Abs. 1 SGB VI).

Kein Rentenausschluß

Wer als Rentner eine Rehabilitationsleistung erhält, hat keinen Rentenausschluß wegen des zeitgleichen Übergangsgeldes zu befürchten. Denn die diesbezüglichen Regelungen gelten nicht, wenn die Rente wegen verminderter Erwerbsfähigkeit oder die große Witwen- bzw. Witwerrente wegen vermindeter Erwerbsfähigkeit bereits vor Beginn der Rehabilitationsleistungen bewilligt war. Auch bei Anträgen auf Altersrente für Schwerbehinderte, Berufs- oder Erwerbsunfähige (§ 37 SGB VI) oder auf Waisenrente über das vollendete 18. Lebensjahr hinaus wegen Behinderung (§ 48 Abs. 4 Nr. 2 Buchst. b SGB VI) gelten die anspruchsvernichtenden Ausschlußregelungen nicht.

9.3 Fiktion von Rentenanträgen

Antragsumdeutung

Bei Versicherten, die berufsunfähig, erwerbsunfähig oder im Bereich der knappschaftlichen Rentenversicherung im Bergbau vermindert berufsfähig sind, gilt unter bestimmten Voraussetzungen der beim Rentenversicherungsträger gestellte Rehabilitationsantrag als Rentenantrag (Antragsfiktion nach § 116 Abs. 2 SGB VI). Zu dieser Antragsumdeutung kommt es, wenn:

- Rehabilitationsleistungen wegen mangelnder Erfolgsaussicht abgelehnt werden oder
- Rehabilitationsleistungen zwar durchgeführt wurden, aber nicht erfolgreich waren.

Kein Rechtsverlust

Mit der Antragsfiktion wird der Versicherte so gestellt, als ob er bei richtiger Einschätzung des Rehabilitationserfolges anstelle des Rehabilitationsantrages gleich einen Rentenantrag gestellt hätte. Die Fiktion verhindert somit, daß die Betreffenden einen Rechtsverlust (späterer Renten- oder Übergangsgeldbeginn) dadurch erleiden, daß sie zunächst versuchen, die Minderung der Erwerbsfähigkeit durch Rehabilitation zu beheben. Denn die Antragsumdeutung dient – neben der Einleitung des Rentenverfahrens – der Festlegung des (gegebenenfalls fiktiven) Rentenbeginns zu dem frühesten durch den Antrag bestimmten Zeitpunkt (§ 99 Abs. 1 SGB VI). Folgende Regel ist zu beachten:

Die Antragsfiktion gilt nur für Rehabilitationsanträge auf medizinische oder berufsfördernde Leistungen (§§ 15, 16 SGB VI). Sie gilt nicht für Anträge auf sonstige Leistungen (§ 31 SGB VI).

9.3.1 Antragsfiktion ohne vorherige Rehabilitationsleistungen

Verminderte Erwerbsfähigkeit

Keine Rehabilitation

Der Rehabilitationsantrag gilt bei Versicherten, die berufs- bzw. erwerbsunfähig oder im Bergbau vermindert berufsfähig sind, als Antrag auf Rente wegen verminderter Erwerbsfähigkeit, wenn eine erfolgreiche Rehabilitation nicht zu erwarten ist. Von dieser Umdeutung des Antrages sind diejenigen betroffen, bei denen der Rehabilitationsantrag wegen mangelnder Aussicht auf Besserung oder Wiederherstellung der Erwerbsfähigkeit, also wegen fehlender persönlicher Voraussetzungen (vgl. Abschnitt 8.1), abgelehnt wurde.

Fiktionsvoraussetzungen

Bei dieser Antragsfiktion kommt es nicht darauf an, daß das Bestehen der verminderten Erwerbsfähigkeit schon während des verwaltungsmäßigen Rehabilitationsverfahrens festgestellt wurde. Ausschlaggebend für die gesetzliche Fiktion ist allein das Vorliegen von Berufs- bzw. Erwerbsunfähigkeit (oder im Bergbau verminderter Berufsfähigkeit) bei Antragstellung auf Rehabilitation. Selbst wenn die seit diesem Zeitpunkt bestehende rentenanspruchsbegründende Minderung der Erwerbsfähigkeit erst nach Monaten oder Jahren, zum Beispiel im Zuge eines gesonderten Rentenantrages, festgestellt wird, ist die für den Rentenbeginn wichtige Antragsumdeutung zu beachten.

9.3.2 Antragsfiktion nach durchgeführten Rehabilitationsleistungen

Verminderte Erwerbsfähigkeit

Erfolglose Rehabilitation

Der Rehabilitationsantrag gilt bei Versicherten, die berufs- bzw. erwerbsunfähig oder im Bergbau vermindert berufsfähig sind, als Antrag auf Rente wegen verminderter Erwerbsfähigkeit, wenn die Leistungen zu Rehabilitation nicht erfolgreich gewesen sind. Das ist der Fall, wenn sie die Berufs- bzw. Erwerbsunfähigkeit oder die im Bergbau verminderte Berufsfähigkeit nicht verhindert bzw. beseitigt haben.

Für die Fiktion ist notwendig, daß die Minderung der Erwerbsfähigkeit bereits im Zeitpunkt des Rehabilitationsantrages vorlag. Wann dies festgestellt wird, ist unerheblich. In den meisten Fällen wird diese Minderung jedoch spätestens bis zum Ende der Rehabilitationsleistungen im Rahmen der Abschlußuntersuchung festgestellt und im Entlassungsbericht vermerkt sein (zum Beispiel: zwei Stunden bis unter halbschichtig leistungsfähig).

Rentenbeginn

Der aufgrund der Antragsfiktion frühere (fiktive) Rentenbeginn bewirkt regelmäßig, daß für Zeiten vor Beginn der Rehabilitationsleistungen ein vorgezogenes Übergangsgeld (bzw. Ersatz-Übergangsgeld) zu zahlen ist (§§ 25 Abs. 2, 20 Abs. 3 SGB VI).

9.3.3 Verfahren bei der Antragsfiktion

Antragsvordrucke

Aufgrund der Umdeutung des Rehabilitationsantrages in einen Rentenantrag leitet der jeweilige Rentenversicherungsträger durch seine zuständige Abteilung regelmäßig das formelle Rentenverfahren ein. Die organisatorische Vorgehensweise ist bei den einzelnen Trägern unterschiedlich geregelt. Dem Versicherten werden die erforderlichen Rentenantragsvordrucke zugeschickt. Diese muß er ausgefüllt und unterschrieben zurücksenden. Die Antragsvordrucke sind notwendig, weil der Versicherungsträger daraus wichtige Daten für die Bearbeitung und Entscheidung entnimmt (vgl. auch Kapitel 6 und 7). Wann die Antragsvordrucke an den Versicherungsträger zurückgeschickt werden, ist für den Rentenbeginn ohne Bedeutung.

9.3.4 Dispositionsrecht des Versicherten

Freie Willenserklärung

Anträge – auch Rentenanträge – sind einseitige Willenserklärungen, zu denen niemand gezwungen werden kann. Deshalb hat der Versicherte das Recht, die Antragsumdeutung seines ursprünglichen Rehabilitationsantrages abzulehnen. Er ist insoweit in seinem Willen frei und kann disponieren (sogenanntes Dispositionsrecht). Unter Umständen ist es nämlich für ihn vorteilhafter, keinen Rentenantrag zu stellen, weil er von einem anderen Sozialleistungsträger eine einkommensabhängige Leistung erhält, die höher als die zu erwartende Rente ist. Diese Möglichkeit besteht zum Beispiel bei Arbeitsunfähigen, die Krankengeld beziehen. Allerdings können die Krankenkassen den Betreffenden unter Fristsetzung auffordern, den Rentenantrag zu stellen oder der Antragsfiktion zuzustimmen. Anderenfalls wird die Krankengeldzahlung eingestellt. Insofern spricht man von einem eingeschränkten Dispositionsrecht.

Zusammenfassung:

Entsprechend dem Eingliederungsziel der Rehabilitation gilt das Prinzip „Rehabilitation vor Rente". Die Rehabilitation hat also Vorrang vor Renten wegen verminderter Erwerbsfähigkeit oder großer Witwen- bzw. Witwerrenten wegen verminderter Erwerbsfähigkeit.

Dieser Vorrang führt unter Umständen auch zu zeitgleichen Rentenausschlüssen, wenn die Rente zu Beginn der Rehabilitationsleistung noch nicht bewilligt ist. Neben einem Anspruch auf Übergangsgeld besteht dann insoweit kein Rentenanspruch, so daß die Rente erst nach Ende der Rehabilitationsleistung beginnen kann.

Rehabilitationsanträge werden zugunsten berufs- oder erwerbsunfähiger Versicherter in Rentenanträge umgedeutet (Antragsfiktion), wenn Leistungen zur Rehabilitation wegen mangelnder Erfolgsaussicht abgelehnt wurden oder die durchgeführten Leistungen erfolglos waren.

Aufgaben zur Selbstüberprüfung:

38. Erklären Sie das Prinzip „Rehabilitation vor Rente".

39. Der Versicherte Otto Z. ist seit 10. 11. 1992 erwerbsunfähig. Aufgrund seines Rentenantrages vom 28. 1. 1993 würde sich ein Rentenanspruch ab 1. 12. 1992 ergeben. Vor Rentenbewilligung wurde vom Rentenversicherungsträger zunächst eine stationäre Heilbehandlung vom 18. 3. bis 29. 4. 1993 durchgeführt. Die medizinische Leistung blieb erfolglos. Es besteht weiterhin Erwerbsunfähigkeit auf Dauer.

    Bestimmen Sie den Zeitraum des Rentenausschlusses (§ 116 Abs. 1 SGB VI), und stellen Sie den tatsächlichen Rentenbeginn fest.

40. Nennen Sie die beiden Fallgruppen, in denen der Rehabilitationsantrag aufgrund gesetzlicher Fiktion in einen Rentenantrag umgedeutet wird.

Lösungen der Aufgaben zur Selbstüberprüfung

1. Im gegliederten Rehabilitationssystem gibt es keinen für alle Sozialleistungsbereiche zuständigen zentralen Leistungsträger. Die Rehabilitation wird von verschiedenen Rehabilitationsträgern durchgeführt.

2. Drei wesentliche Vorteile des gegliederten Systems sind:

   a) bessere Einsatzmöglichkeit der Spezialkenntnisse der einzelnen Träger,

   b) Einhaltung des Prinzips der einheitlichen Risikozuordnung,

   c) Vermeidung einer einzigen Mammutbehörde.

   (Weitere richtige Antworten sind: ausgewogene Arbeitsteilung zwischen mehreren Trägern, Kostenverteilung auf mehrere Bereiche, schnelle Anpassung der Rehabilitation an die Bedürfnisse der Betroffenen durch die Selbstverwaltungsorgane.)

3.

Sozialleistungsbereich	Rehabilitationsträger
Arbeiterrentenversicherung	Landesversicherungsanstalten (auch richtig: Seekasse, Bundesbahn-Versicherungsanstalt)
Angestelltenversicherung	Bundesversicherungsanstalt für Angestellte
Knappschaftliche Rentenversicherung	Bundesknappschaft
Krankenversicherung	Krankenkassen (auch richtig: Bundesknappschaft)
Unfallversicherung	Berufsgenossenschaften
Arbeitslosenversicherung/ Arbeitsförderung	Bundesanstalt für Arbeit (auch richtig: Arbeitsämter)
Altershilfe für Landwirte	Landwirtschaftliche Alterskassen
Kriegsopferversorgung	Versorgungsämter

4. Sinn der Rehabilitationsleistungen ist es, außer der Erhaltung auch die **Besserung** oder **Wiederherstellung** der Leistungsfähigkeit zu bewirken.

5. Eigentlicher Zweck (Ziel) der Rehabilitation ist die Eingliederung Behinderter in Beruf und Gesellschaft.

6. Prävention bedeutet Abwendung künftiger Leistungsminderung durch vorbeugende Leistungen.

7. Die Rehabilitation hat für die Sozialleistungsträger folgende wirtschaftliche Bedeutung:

   a) Ausgabenminderung (zum Beispiel Einsparung von Renten)
   und
   b) Einnahmensteigerung (zum Beispiel Pflichtbeiträge zur Sozialversicherung).

8. Auf Ermessensleistungen („Kann-Leistungen") besteht kein gesetzlicher Anspruch. Sie können aufgrund gesetzlicher Ermächtigung vom Versicherungsträger nach eigenem (pflichtgemäß ausgeübten) Ermessen erbracht werden.

9. a) Ermessensleistungen: medizinische Leistungen zur Rehabilitation, berufsfördernde Leistungen, ergänzende Leistungen (außer Übergangsgeld), sonstige Leistungen;
   b) Pflichtleistungen: Renten, Übergangsgeld.

10. Die drei Grundleistungen für die Rehabilitation im eigentlichen Sinne sind: medizinische, berufsfördernde und ergänzende Leistungen.

11. Die rechtlichen Grundlagen sind: Gesetze, Rechtsverordnungen, Vereinbarungen und Richtlinien.

12. Im Ausland darf die Rehabilitation ausnahmsweise durchgeführt werden, wenn eine befürwortende gutachterliche Äußerung des VDR und eine Genehmigung der Aufsichtsbehörde des Versicherungsträgers vorliegen. Die Genehmigung kann nur erteilt werden, falls für bestimmte Erkrankungen die Aussicht auf Rehabilitationserfolg im Ausland besser als im Inland ist.

13. Bei stationären Leistungen ist der Versicherte ganztägig in einer Rehabilitationseinrichtung mit Unterkunft und Verpflegung untergebracht. Bei ambulanten Leistungen erfolgt die Behandlung oder Betreuung ohne Unterbringung nur kurzzeitig an bestimmten Tagen.

14. Die wichtigsten medizinischen Einzelleistungen sind: ärztliche Behandlung, Arznei- und Verbandmittel, Heilmittel (Therapien), Belastungserprobung und Arbeitstherapie, Hilfsmittel.

15. Heilmittel wirken äußerlich auf den Körper und dienen der Heilung, Besserung oder Linderung.

16. Hilfsmittel dienen dem Ausgleich der durch die Behinderung bedingten körperlichen Mängel. Diese Mittel haben keine Heilwirkung.

17. Anschlußbehandlung (AHB).

18. Berufsfördernde Leistungen verbessern – im Gegensatz zu den medizinischen Leistungen – nicht den Gesundheitszustand, sondern sollen auf nichtmedizinische Weise (zum Beispiel Umschulung) den Versicherten in die Lage versetzen, eine Berufstätigkeit auszuüben.

19. Die wichtigsten berufsfördernden Einzelleistungen sind: Leistungen zur Erhaltung oder Erlangung eines Arbeitsplatzes (zum Beispiel Kfz-Hilfe), Berufsvorbereitung, berufliche Anpassung, Fortbildung, Ausbildung und Umschulung und die Arbeitsförderung (Berufsförderung) in Behindertenwerkstätten.

20. Die Höhe des Zuschusses zum Kraftfahrzeug ist vom Kaufpreis des Autos und vom Nettoeinkommen des Versicherten abhängig.

21. Der Versicherte hat mit 1 900,00 DM ein Nettoeinkommen bis 55 Prozent (= 2 050,00 DM) der monatlichen Bezugsgröße. Der Zuschuß beträgt daher 64 Prozent des Bemessungsbetrages (auf 18 000,00 DM begrenzter Kaufpreis) also 11 520,00 DM.

22. Mit der Umschulung werden Kenntnisse und Fähigkeiten erworben, die den Übergang in eine andere behinderungsgerechte Berufstätigkeit ermöglichen. Sie ist vorgesehen, wenn der Versicherte aus gesundheitlichen Gründen (Behinderung) nicht mehr seinem bisherigen Beruf nachgehen kann.

23. Es ergeben sich folgende Zuständigkeiten: a) Berufsgenossenschaft, b) Krankenkasse, c) Rentenversicherungsträger, d) Rentenversicherungsträger.

24. Die LVA ist zuständig, weil der letzte wirksame Pflichtbeitrag vor Antragstellung zur Arbeiterrentenversicherung gezahlt wurde.

25. In diesem Fall der ungeklärten Zuständigkeit ist für die medizinischen Leistungen die BfA und für die berufsfördernden Leistungen die Bundesanstalt für Arbeit vorleistungspflichtig.

26. Das Rehabilitationsverfahren kann auf Antrag oder von Amts wegen eingeleitet werden.

27. Handlungsfähig sind Personen nach Vollendung des 15. Lebensjahres. Das bedeutet, daß sie dann selbständig den Antrag stellen können.

28. Bundesanstalt für Arbeit.

29. Das Verwaltungsverfahren wird durch einen Verwaltungsakt, den Bescheid, abgeschlossen. Er muß schriftlich erteilt werden, weil über einen Anspruch auf Leistung entschieden wird.

30. Für den Leistungsberechtigten bestehen folgende Mitwirkungspflichten: Aufklärung des Sachverhalts (Angabe von Tatsachen, Übersendung von Beweismitteln, persönliches Erscheinen, Akzeptieren ärztlicher Untersuchungen) und aktive Teilnahme an angebotenen – notwendigen – medizinischen Leistungen (Heilbehandlung) und berufsfördernden Leistungen.

31. „Grenzen der Mitwirkungspflicht" bedeutet, daß der Versicherte in bestimmten Fällen die Mitwirkung ohne Rechtsnachteile verweigern darf. Beispiele: Versicherungsträger kann sich die Kenntnisse leichter selbst beschaffen – Unzumutbarkeit – Behandlungen mit Gefahr für Leben oder Gesundheit – Behandlungen mit erheblichen Schmerzen – erheblicher Eingriff in die körperliche Unversehrtheit – Gefahr strafrechtlicher Verfolgung.

32. Bei pflichtwidriger fehlender Mitwirkung kann es zur Ablehnung des Rehabilitationsantrages (bei mangelnder Mitwirkung an der Sachaufklärung) und zur Versagung oder Entziehung anderer Sozialleistungen (bei Nichtteilnahme an angebotener Heilbehandlung oder Berufsförderung) kommen.

33. Die persönlichen Voraussetzungen sind erhebliche Gefährdung oder Minderung der Erwerbsfähigkeit und Erfolgsaussicht der Rehabilitationsleistung.

34. Erwerbsfähigkeit ist die Fähigkeit des Versicherten, im Rahmen seiner Kenntnisse und Fähigkeiten Einkünfte aus Erwerbstätigkeit zu erzielen.

35.

		ML	BL
a)	13 Pflichtbeiträge wegen Kindererziehung in den letzten zwei Jahren	☒	☐
b)	allgemeine Wartezeit (Berufs- oder Erwerbsunfähigkeit vorläufig nicht zu erwarten)	☐	☐
c)	allgemeine Wartezeit (Berufs- oder Erwerbsunfähigkeit in zwei Jahren zu erwarten)	☒	☐
d)	Bezug einer Rente wegen Erwerbsunfähigkeit	☒	☒
e)	Wartezeit von 15 Jahren	☒	☒
f)	Anspruch auf große Witwenrente wegen Vollendung des 45. Lebensjahres und Berufsunfähigkeit	☐	☐

36. Auch wenn die persönlichen und versicherungsrechtlichen Voraussetzungen erfüllt sind, ist der Beamte auf Lebenszeit von Leistungen zur Rehabilitation aus der Rentenversicherung ausgeschlossen, weil er Anwartschaft auf beamtenrechtliche Versorgung hat.

37. Die Wiederholung medizinischer Leistungen ist grundsätzlich nicht vor Ablauf von drei Jahren möglich. Der Versicherte kann daher erneut Leistungen ab dem 23. 7. 1994 erhalten (Dreijahresfrist: 23. 7. 1991 bis 22. 7. 1994).

38. Das Prinzip „Rehabilitation vor Rente" bedeutet, daß Rehabilitationsleistungen Vorrang vor Rentenzahlungen wegen verminderter Erwerbsfähigkeit haben. Solche Renten dürfen erst dann bewilligt werden, wenn zuvor Rehabilitationsleistungen durchgeführt wurden oder diese wegen mangelnder Erfolgsaussicht nicht zu erbringen sind.

39. Aufgrund des sich ergebenden Anspruchs auf Übergangsgeld bzw. Ersatz-Übergangsgeld vom 1. 12. 1992 bis 29. 4. 1993 kommt es für denselben Zeitraum zum Rentenausschluß. Der tatsächliche Rentenbeginn ist daher auf den 30. 4. 1993 festzulegen.

40. Der Rehabilitationsantrag ist in einen Rentenantrag umzudeuten, wenn a) Leistungen zur Rehabilitation abgelehnt wurden, weil eine erfolgreiche Rehabilitation nicht zu erwarten ist, oder b) Leistungen zur Rehabilitation nicht erfolgreich gewesen sind. In beiden Fällen muß Berufs- bzw. Erwerbsunfähigkeit (oder im Bergbau verminderte Berufsfähigkeit) bereits im Zeitpunkt des Rehabilitationsantrages vorgelegen haben.

Verzeichnis der Abbildungen und Tabellen

Stichwortverzeichnis

GPSR Compliance

The European Union's (EU) General Product Safety Regulation (GPSR) is a set of rules that requires consumer products to be safe and our obligations to ensure this.

If you have any concerns about our products, you can contact us on ProductSafety@springernature.com

In case Publisher is established outside the EU, the EU authorized representative is:

Springer Nature Customer Service Center GmbH
Europaplatz 3
69115 Heidelberg, Germany

Batch number: 08226931

Printed by Printforce, the Netherlands